Petit Palais
Guide

PARIS musées

Dès 2001, j'ai souhaité favoriser l'accès des Parisiennes et des Parisiens aux trésors artistiques de leur cité. Cette volonté s'est traduite par des choix : gratuité des collections permanentes des musées de la Ville et politique de rénovation du patrimoine. Deux axes forts qui ont permis d'accroître considérablement la fréquentation du public.

La rénovation du Petit Palais, musée des Beaux-Arts de la Ville de Paris, a été engagée de longue date. La résurrection de ce patrimoine, joyau architectural du XIXe siècle, témoin du rayonnement de Paris, constitue une grande satisfaction et une très belle réussite pour toutes les équipes qui ont contribué à ce projet. C'est une œuvre en soi que les Parisiens vont retrouver, entre la Seine et les Champs-Élysées.

Rénové dans son aspect d'origine, le Petit Palais reconquiert ses jeux de lumière et de transparence, sa fluidité qui offre aux œuvres d'art une mise en valeur exceptionnelle. Nouveaux espaces pour les collections, amélioration de l'accueil du public, meilleure offre pédagogique, ouverture sur le monde, autant d'objectifs mis au service d'une politique volontariste et ambitieuse : susciter l'émotion et la curiosité, faire naître la découverte et l'émerveillement, interroger notre intelligence.

La réouverture du Petit Palais permettra aux Parisiens de redécouvrir la fabuleuse richesse de ses collections : panorama artistique de l'Antiquité au XXe siècle, objets d'art, peintures, sculptures, gravures, dessins, icônes. Des œuvres qui sont une expérience de la beauté et un témoignage de l'intelligence de la création.

Nul doute que ce magnifique monument, témoignage de la modernité du Paris 1900, trouve toute sa place dans le Paris du XXIe siècle.

BERTRAND DELANOË
Maire de Paris

Sommaire

Auteurs

Maryline Assante di Panzillo
Françoise Barbe
Marie-Christine Boucher
Isabelle Collet
José de Los Llanos
Patrick Lemasson
Dominique Morel
Paulette Pelletier-Hornby
Amélie Simier

Préface

Pour les besoins de l'Exposition universelle de Paris en 1900, il fut décidé de créer un nouvel axe reliant le palais de l'Élysée à l'Hôtel des Invalides. Ainsi fut jeté un nouveau pont sur la Seine – le Pont Alexandre III – et une nouvelle avenue, alors appelée Nicolas II et aujourd'hui Winston-Churchill. De part et d'autre de cette avenue s'édifièrent deux palais destinés à perdurer au-delà de leur usage temporaire lors de l'Exposition : l'un pour des manifestations organisées par l'État, l'autre pour servir l'action culturelle de la Ville de Paris.

Par concours et prix décerné à l'unanimité par le jury, Charles Girault se vit confier la construction de ce palais municipal. Parmi les arbres des Champs-Élysées et en bordure de la Seine, cet architecte, Grand Prix de Rome en 1880, a su créer la dernière grande réussite de l'architecture éclectique en une habile synthèse de la colonnade du Louvre, du porche cintré et du dôme des Invalides, et de la galerie des glaces de Versailles, tout en édifiant un établissement très moderne par l'aisance des circulations intérieures, l'utilisation d'une lumière naturelle abondante et l'audace des ouvertures sur les Champs-Élysées. Conçu selon un plan trapézoïdal, ce Petit Palais est ordonné autour d'un jardin intérieur en demi-cercle, bordé d'un délicat péristyle dorique. La rotonde d'accès centrale, les pavillons d'angles qui ferment les grandes galeries de la façade principale et les coupoles qui dominent les deux escaliers monumentaux de la façade arrière sont tous couronnés de dômes qui animent le ciel parisien. La façade principale ordonne deux colonnades ioniques qui encadrent un porche surélevé. La grille d'honneur, qui décore celui-ci, comme les balcons et les rampes tournantes des escaliers, dessinés par Girault lui-même, constituent des chefs-d'œuvre de ferronnerie d'art. Un abondant décor sculpté et peint complète heureusement cet élégant édifice.

Conçu pour mettre en valeur les chefs-d'œuvre de l'art, le Petit Palais abrita, lors de l'Exposition universelle de 1900, une considérable *Rétrospective de l'art français*. Puis, tout naturellement, il fut inauguré le 11 décembre 1902 comme musée sous le nom de *Palais des Beaux-Arts de la Ville de Paris*, afin de présenter au public les collections de peintures et de sculptures constituées de commandes ou d'achats effectués dès 1870 par la Ville de Paris dans les Salons ou directement auprès des artistes. Ce fonds d'art français de la fin du XIXe et du début du XXe siècles constitue toujours un des deux axes majeurs des collections du Petit Palais.

Grâce à la beauté unanimement appréciée de l'architecture du Petit Palais, ce fonds a très vite été enrichi par des dons et des legs : en 1904, legs Hoentschel de deux cents sculptures et céramiques de Carriès, complété en 1967 par le don Jean Soustiel d'une vingtaine de fragments de la *Porte de Parsifal* ; en 1905, legs Henner et Ziem ; en 1906-1909, don de

HONORÉ DAUMIER (1808-1879) L'Amateur d'estampes
Vers 1860-1870, huile sur toile
Legs Eugène Jacquette, 1899 - Inv. PPP00039

huit peintures de Courbet par sa sœur Juliette ; en 1916, don Zoubaloff de peintures et dessins de Redon, Harpignies, sculptures de Barye, Maillol et Rodin, objets d'art de Husson et Cros ; en 1937 et 1945, legs Ambroise Vollard de peintures de Cézanne, Renoir, céramiques d'André Metthey, gravures de Bonnard, Vuillard et Denis ; en 1938, don de sculptures de Carpeaux par sa fille ; en 1979, don de cinquante peintures de Brokman par son fils ; et, en 1998, don de deux cents dessins et sculptures de Paul Landowski par sa famille.

Une active politique d'achats a aussi contribué à faire entrer bien des chefs-d'œuvre, permettant même de couvrir un peu plus largement le XIXe siècle français. Par exemple, en 1905, achat du fonds d'atelier de Dalou ; en 1907, achat du fonds d'atelier de Falguière ; en 1934, *La Marietta* de Corot ; en 1953, *Le Sommeil* de Courbet ; en 1963, *Le Combat du Giaour et du Pacha* de Delacroix ; en 1968, deux tableaux troubadour d'Ingres ; en 1970, *Le Grand Paysage d'Italie* de Géricault ; en 1985, la *Vallée des larmes* de Gustave Doré ; en 1999, le *Portrait d'Athenaïs d'Albenas* par Boilly...
En complément de ces peintures et sculptures, un important fonds de dessins et d'estampes a été constitué dès les premières années de vie du musée. Une intense politique d'achats se développe de nouveau en ce sens (dessins de Bracquemond, Cros, Redon, etc. ; gravures de Corot, Daubigny, Jongkind, Manet, Bracquemond, etc.). Un fonds de photographies sur le Petit Palais, l'Exposition universelle de 1900 et le Paris de l'époque est aussi en constitution.

La très importante collection d'objets d'art de la même période provient du reversement fait, en 1979, du fonds acquis par la Ville de Paris pour former à partir de 1895, dans le Palais Galliera, un musée d'Art industriel moderne. Elle comprend notamment des céramiques et des grès émaillés de Chaplet, Dalpayrat et Dammouse, des verreries de Gallé, Daum et Decorchemont, des émaux de Point et Feuillâtre. À cet ensemble, il faut ajouter les pièces d'orfèvrerie et les bijoux de Husson donnés en 1916 par Zoubaloff, les bijoux de Fouquet acquis par la Ville de Paris en 1937 et la salle à manger de Guimard provenant de l'ancien hôtel particulier de l'artiste. Aujourd'hui encore, une active politique d'acquisition permet l'accroissement de ce fonds exceptionnel, par exemple, en 2003, avec l'achat d'un émail de Grandhomme d'après Gustave Moreau et, en 2004, de la *Jardinière des Titans* de Rodin.

En résonance avec ces objets précieux, le Petit Palais, qui attire de nouveau donations et legs, vient de recevoir deux ensembles considérables de dessins de bijouterie-joaillerie : d'abord quatre mille cinq cents dessins de Charles Jacqueau, principal collaborateur de Louis Cartier, puis près de huit cents œuvres de Georges Deraisme, ciseleur de René Lalique et collaborateur de François Coty. Des achats viennent compléter ce fonds exceptionnel (Lalique, Boucheron...).

Au total, les collections du Petit Palais permettent aux visiteurs d'apprécier toutes les tendances artistiques françaises entre 1880 et 1914, dans tous les domaines des arts plastiques (peinture, sculpture, objets d'art, dessin, estampe), que ce soit l'Académisme (Laurens, Cormon, Bouguereau), le Naturalisme (Dalou, Roll, Lhermitte, Pelez) héritier du Réalisme de Courbet et Daumier, l'art monumental (Besnard, Carrière, Baudouin), l'Impressionnisme (Monet, Pissarro, Sisley, Rodin), le Symbolisme (Carriès, Redon, Lévy-Dhurmer) héritier de Gustave Moreau et de Puvis de Chavannes, l'Art nouveau (Guimard, Lalique, Gallé, Daum), les Nabis (Bonnard, Vuillard, Denis) et les ruptures esthétiques annonçant ou accompagnant le Fauvisme et le Cubisme (Gauguin, Cézanne, Bourdelle, Maillol, Jacqueau).

Plus en amont, le visiteur amateur du XIXe siècle français peut redécouvrir le Néoclassicisme (Gros), l'Art troubadour (Ingres, Granet), le Romantisme (Géricault, Delacroix, Chassériau) et l'inclassable Carpeaux.

Parallèlement à ce fonds d'art français autour de 1900, le Petit Palais s'est, dès 1902, enrichi d'une collection d'art ancien léguée à la Ville de Paris par les frères Auguste

ÉDOUARD VUILLARD (1868-1940) Le Jardin des Tuileries
1896, lithographie en couleurs
Achat sur les arrérages du legs Dutuit, 2001 - Inv. GDUT10818

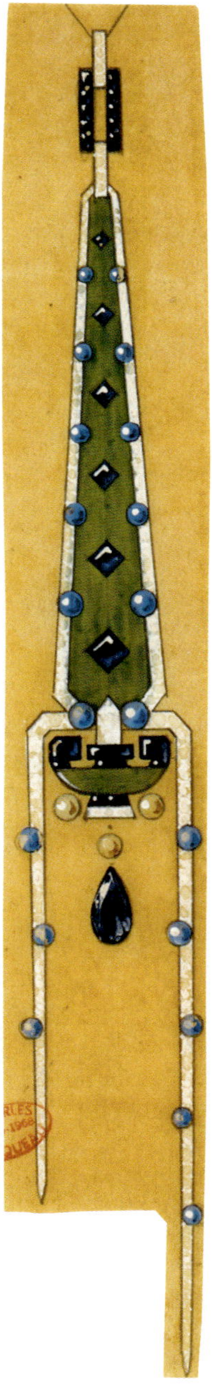

CHARLES JACQUEAU (1885-1968)
Pendentif
1913, graphite, encre, gouache sur vélin transparent
Donation Jacqueau, 1998
Inv. PPJAC01678

et Eugène Dutuit. Elle constitue le second axe des collections du musée, tout en étant révélatrice de la passion qui s'est développée, au cours du XIXe siècle, aussi bien pour toutes les époques passées du monde occidental que pour les civilisations des divers continents. Elle comprend donc, au-delà des arts grecs et romains redécouverts dès les XVe et XVIe siècles, des objets d'art du Moyen Âge et de la Renaissance, des peintures et des dessins flamands et hollandais du XVIIe siècle, des manuscrits et des livres du XVe au XVIIIe siècle, douze mille gravures dont les ensembles complets de Rembrandt, Dürer et Callot, ainsi que des œuvres islamiques, chinoises et japonaises. La quête d'excellence des frères Dutuit les a toujours conduits à acquérir les œuvres de la meilleure qualité possible, les œuvres les plus précieuses…

Ce fonds d'art ancien a été régulièrement enrichi grâce aux arrérages du legs Dutuit (rentrées financières apportées par les immeubles parisiens légués par les Dutuit), et à l'arrivée de nouvelles donations. Ainsi en 1930, la générosité d'Édouard et Julia Tuck a permis de compléter de manière très heureuse ce fonds d'art ancien en apportant presque exclusivement des témoins des raffinements et de la préciosité des arts décoratifs du XVIIIe siècle.

Donations et legs affluant de nouveau au Petit Palais, ce fonds d'art ancien s'est formidablement enrichi en 1998 d'une collection d'icônes, principalement grecques et russes, du XVe au XVIIIe siècles, offerte par Roger Cabal. Le Petit Palais est ainsi devenu le musée français détenteur du plus important ensemble d'icônes.

Le Petit Palais n'a pas vocation à être un musée encyclopédique ni la volonté de développer un parcours chronologique continu de la culture occidentale. Le deploiement de ses collections permanentes est bâti selon un autre principe : celui des confrontations suggestives.
Ces confrontations sont d'abord celles des différentes techniques artistiques époque par époque. En effet, chaque époque génère, en fonction de ses systèmes de pensée et de valeurs, de ses choix esthétiques et techniques, de ses mœurs et coutumes, des œuvres d'art dans tous les procédés alors disponibles. Aussi, afin d'aider les visiteurs à mieux percevoir, par la sensibilité comme par l'intelligence, les dynamiques vitales des grands moments passés de la civilisation occidentale, sont présentés simultanément dans les salles aussi bien des peintures que des sculptures et des objets d'art. Les résonances entre ces œuvres si diverses et si complémentaires donnent à chaque salle une ambiance particulière et suggestive. En complément, des fiches pédagogiques apportent repères chronologiques et géographiques. Dans l'auditorium, littérature, musique et danse complètent ces approches culturelles polyphoniques.
Les confrontations sont aussi celles des multiples tendances esthétiques autour de 1900. Leur variété peut apparaître aux visiteurs d'abord par l'observation du palais lui-même, magnifique aboutissement de l'éclectisme architectural. Ensuite, dans la galerie de façade, rappelant la galerie des glaces de Versailles, de splendides objets Art nouveau rayonnent dans de légères vitrines.

ÉCOLE DE MOSCOU
Tête de saint Jean-Baptiste dans une coupe
Fin XVIe siècle, tempera sur bois
Legs Roger Cabal, 1998 - Inv. PPP04908

De là, dans la vaste galerie intérieure ayant retrouvé ampleur et éclairage zénithal d'origine, le visiteur peut aller à la rencontre des grandes peintures et sculptures réalistes ou naturalistes, politiques ou religieuses, dont raffolait la France d'alors. Il lui est aussi loisible d'entrer aisément, par plusieurs portes recréées, dans la galerie Tuck consacrée au XVIIIe siècle : ainsi est rappelé ce goût que, autour de 1900, beaucoup de riches collectionneurs avaient pour les arts raffinés des règnes de Louis XV et de Louis XVI.

En complément, face au jardin des Champs-Élysées, deux salles évoquent les révolutions plastiques de la peinture de paysage dans la deuxième moitié du XIXe siècle et l'émergence de la modernité avant la Première Guerre mondiale. Les collections cubistes et fauves du Petit Palais ayant servi à la création du musée d'Art Moderne de la Ville de Paris, la démonstration des révolutions esthétiques d'avant 1914-1918 ne peut être actuellement faite dans les domaines de la peinture et de la sculpture. Par contre, le Petit Palais a les moyens de l'opérer pour les arts graphiques et les arts décoratifs grâce à l'accueil de donations (la donation Jacqueau est en cela essentielle) et à de nombreuses acquisitions en cours.
Au rez-de-chaussée, des salles consacrées à des artistes majeurs comme Carpeaux, Dalou, Guimard, Carriès, Vuillard, et à cette tendance fondamentale que fut le Symbolisme, viennent amplifier la découverte de la variété extrême de l'art dans les années 1870-1910.
Pour les collections anciennes, les confrontations suggestives sont aussi multiples. Les salles de la Grèce antique, de la Rome antique et de la Renaissance se côtoient, aidant à pleinement mesurer les liens qui les unissent en matière de techniques, d'iconographie et de vision du monde. Non loin, christianisme occidental (peintures et sculptures de la fin du Moyen Âge notamment) et christianisme oriental (icônes créto-vénitiennes, grecques et russes principalement) confrontent leurs différences esthétiques théologiques, à proximité à la fois des œuvres du style troubadour et du Romantisme, marquant le retour du catholicisme dans la France d'après la Révolution, et des œuvres symbolistes rappelant la diversité des quêtes spirituelles autour de 1900.
Enfin, pour rappeler combien le XIXe siècle fut celui d'une curiosité universelle partant à la découverte de toutes les époques passées du monde occidental comme de la diversité des civilisations sur tous les continents, les œuvres médiévales et Renaissance apparaissent non loin des salles Troubadour et Romantisme, dont les créations se sont largement inspirées pour les techniques et les thèmes, les objets d'art japonais sont à l'entrée de la salle consacrée aux Nabis et au Japonisme ainsi qu'à proximité des grès de Carriès, les peintures hollandaises voisinent avec les tableaux troubadours qui en découlent par bien des aspects, les œuvres de la salle consacrée à l'Historicisme révèlent les regards des années 1880 sur la Préhistoire, le Moyen Âge et la Renaissance...

GILLES CHAZAL
Conservateur général du Patrimoine
Directeur du Petit Palais
Musée des Beaux-Arts de la Ville de Paris

REMBRANDT, dit **Rembrandt Harmensz van Rijn (1606-1669)** La Pièce aux cent florins (Bartsch 74)
Achevé vers 1649, premier état sur deux, eau-forte, pointe sèche et burin sur papier Japon - Legs Dutuit, 1902 - Inv. GDUT07743

Les décors sculptés du Petit Palais

Sur la façade principale du Petit Palais, comme sur la façade arrière et dans la cour intérieure, les sculptures foisonnent : rondes-bosses au pied de l'escalier, bas-reliefs dans les entrecolonnements, hauts-reliefs au-dessus du porche... La sculpture ornementale rehausse l'ensemble du bâtiment de guirlandes chargées de fleurs et de fruits, de putti, de mufles de lions. Ce décor exubérant, l'une des marques de fabrique de l'architecture néorococo du Petit Palais, est très largement dû aux volontés de l'architecte Charles Girault : il donne à la sculpture une place plus importante au fur et à mesure du chantier, obtenant même en 1907 la commande de seize bustes en plâtre qui parachèvent le décor intérieur des grandes galeries.
L'unité apparente du décor sculpté résulte des dessins précis de Girault, qui engage de nombreux sculpteurs afin de satisfaire le plus de demandes possibles. Ce sont pour la plupart des artistes établis, habitués à cette collaboration étroite avec un architecte. Pour les morceaux de bravoure, il choisit des sculpteurs renommés – Injalbert donne le modèle de *La Ville de Paris protégeant les Arts*, au-dessus de l'escalier, et Saint-Marceaux fournit ceux de *La Peinture* et de *La Sculpture*, deux allégories surplombant l'entrée, dont les lignes obliques et les canons allongés surprendront les visiteurs.

Le Petit Palais – le panorama
Exposition universelle, nouvelle série n° 8, photographie Neurdein frères – Inv. PPL00105

Le programme iconographique est sans grande originalité pour un musée des beaux-arts : il glorifie la Ville de Paris, affectataire future du bâtiment ; les Arts, sa destination première ; et leur inscription – naturellement éternelle – dans le temps. Le décor fait un large usage de l'allégorie, langage noble et intemporel qui convient aux œuvres d'art conservées dans ces murs.
La richesse de l'ornementation met en valeur le prestige des commanditaires, État et Ville de Paris. Girault renforce la polychromie de l'édifice au cours du chantier, proposant l'adjonction de deux *Renommées* en zinc doré par Peynot. La statuaire en zinc, matériau malléable utilisé pour des ornements de toiture, est une innovation audacieuse confiée au fondeur Foretay. Aujourd'hui encore nous pouvons juger du contraste entre l'extérieur du bâtiment, pour lequel Girault a joué sur l'harmonie des couleurs des pierres, et la cour intérieure où bassins et sols en mosaïque, parements de marbre, voûtes peintes et statues dorées rivalisent d'éclat.

Les décors peints du Petit Palais

Conformes à l'esprit palatial du bâtiment, les décors peints ornent les voûtes de l'étage noble, celui de l'entrée des visiteurs, avec, de part et d'autre, les galeries nord et sud qui culminent à quinze mètres, le péristyle qui longe le jardin intérieur, et la coupole est de l'escalier Dutuit. L'emplacement des peintures est définie par Girault, qui limite leur présence aux plafonds et voussures, les murs étant réservés aux collections. Le choix des six artistes invités à réaliser une œuvre originale revient, comme il est alors d'usage, à l'administration parisienne qui ne lance la première commande qu'en 1903, année suivant l'ouverture du musée. Le programme s'achèvera en 1925.

Le choix se porte sur des artistes confirmés, ayant déjà une solide expérience en matière de décor monumental. Si l'évocation de Paris sert de thème fédérateur à l'ensemble, l'éclectisme prévaut dans les styles comme dans les sujets. Pour les quatre voussures du vestibule, Besnard se fait le libre interprète des théories scientifiques du transformisme en des compositions amples et graves illustrant la *Mystique chrétienne* et la *Beauté païenne*, la *Matière* et la *Pensée*. En galerie nord, Cormon, champion de l'Historicisme, choisit de centrer son propos sur le passé et de raconter l'histoire de l'ancien Paris depuis ses origines jusqu'à la Révolution. En galerie sud, Roll célèbre *Le Triomphe de la République*. Des cheminées d'usine, symboles de la ville moderne, se dressent parmi les monuments parisiens. Le tracé net de Cormon contraste avec le coloris brillant et nerveux de Roll. Par la célébration légère et sensuelle de la Femme au pavillon sud, Georges-Picard rappelle le goût 1900 pour les grâces du style rocaille. Au pavillon nord, Humbert choisit un promeneur moderne lisant dans un jardin public comme symbole de la vie intellectuelle de Paris ; veillant sur lui, les allégories de la Paix et de la Liberté s'élèvent entre les arbres. Baudoüin évoque les sources historiques de la République en peignant à fresque les mois du calendrier révolutionnaire sur les voûtes du péristyle. Denis est le seul à rappeler la destination muséale du lieu en juxtaposant les grandes figures de l'histoire de l'art français, du Moyen Âge à l'art moderne, incarné par Cézanne, Rodin et Gauguin.

« Babel artistique », le grand mouvement de décoration des édifices publics initié par la IIIe République trouve ainsi l'une de ses ultimes expressions à la cime des murs du Petit Palais. Les restaurations qui viennent de rendre à cet ensemble la lumière et l'éclat qu'il avait peu à peu perdus, permettent d'en apprécier l'ampleur, et de faire ainsi l'expérience de son étonnant éclectisme.

Vue des grandes galeries et du vestibule

Rez-de-jardin

Salles 1 à 13

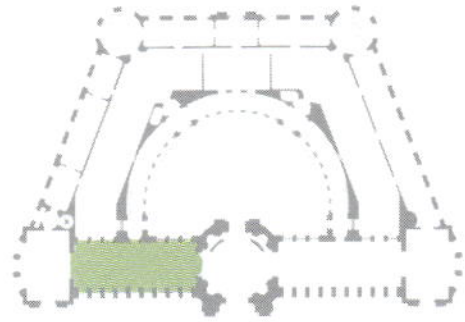

01 Le renouveau des métiers d'art

Autour de 1900, les métiers d'art connaissent un spectaculaire essor. En réaction contre l'industrialisation et le machinisme ambiant, des artisans d'art veulent démontrer que « l'art existe aussi bien dans la forme d'un objet usuel que dans la peinture à l'huile ou la statuaire » (Carabin, vitrine, salle 18) et de grands créateurs s'illustrent dans tous les domaines des « arts industriels » : céramique, verre, émail, métal, arts précieux. Ils font la démonstration de leurs talents par le biais des Expositions universelles et des Salons qui progressivement s'ouvrent aux objets d'art (la Société Nationale des Beaux-Arts, à partir de 1891 ; la Société des Artistes français, à partir de 1895). Enfin, les créateurs de l'Art nouveau, qui s'épanouit entre 1895 et 1904, tels Grasset ou Guimard (salle à manger de l'hôtel Guimard, salle 20), ont une conception d'un « art total » : ils cherchent à créer un décor moderne où l'objet n'est plus un simple bibelot, mais s'insère dans un ensemble artistique et décoratif.

1 | **ARMAND POINT (1861-1932)** Coffret aux paons

1899, bois, bronze ciselé et doré, émaux, lapis-lazulis, cabochons de pierres de couleur - Achat, 1899 - Inv. OGAL00075

Peintre et décorateur, Armand Point est un grand admirateur des Préraphaélites anglais dont il partage le goût pour la Renaissance italienne et pour Botticelli en particulier. En 1896, il fonde, en lisière de la forêt de Fontainebleau, une communauté d'artisans d'art appelée Haute-Claire, du nom de l'épée d'Olivier, un des héros de *La Chanson de Roland*. Par sa préciosité et son raffinement, ce coffret évoque les chefs-d'œuvre de l'orfèvrerie médiévale limousine. Le motif du paon, décliné dans différentes techniques, est symbole d'immortalité dans l'art paléochrétien.

2 | **ÉMILE GALLÉ (1846-1904)** Vase cypripedium

1898, cristal soufflé à plusieurs couches, socle en bois sculpté - Achat, 1898 - Inv. OGAL00070

Ce magnifique vase à décor d'orchidée (*Cypripedium* ou Sabot de Vénus) est exposé au Salon de la Société Nationale des Beaux-Arts en 1898 et aussitôt acheté par la Ville de Paris. C'est un des premiers exemples de marqueterie sur verre, un procédé d'incrustation à chaud de fragments dans la masse vitreuse, pour lequel Émile Gallé déposa un brevet d'invention spécifique. La citation de Maeterlinck est tirée de son recueil, *Le Trésor des Humbles*, édité en 1896. Entre l'univers poétique de l'écrivain symboliste belge et les verreries artistiques de Gallé se tisse tout un réseau de mystérieuses correspondances.

1 | 2

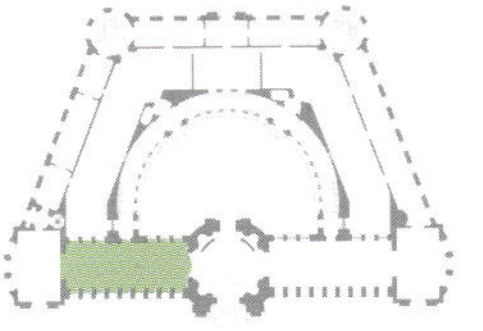

01 | Céramiques de sculpteurs

La fin du XIXe siècle voit une génération d'artistes se passionner pour la sculpture polychrome. La céramique, industrielle ou artisanale, offre un support de choix à leurs expériences et permet une diffusion plus large de leurs créations.

1 | **CAMILLE ALAPHILIPPE (1874-après 1934)** La Femme au singe

1908, Grès et bronze - Achat, 1908 - Inv. PPS00893

Le sculpteur Alaphilippe s'intéresse, dès son séjour à la Villa Médicis en 1901, aux possibilités plastiques et décoratives de la céramique. En 1914, il deviendra même directeur de la manufacture de grès flammés d'Alexandre Bigot, à Mer (Loir-et-Cher), qui produit essentiellement de la céramique architecturale. *La Femme au singe*, achetée au Salon des Artistes français de 1908, donne à voir l'étrange image d'une femme hiératique et mystérieuse tenant en laisse un primate - animal de compagnie, prisonnier ou adorateur ? L'œuvre est composée d'un assemblage audacieux d'éléments de bronze doré (la tête et les mains) et de plaquettes de grès émaillées. Ces dernières sont montées sur une structure en bois et en fer et tenues par un mortier de brique pilé, les joints étant réalisés en plâtre coloré. L'ensemble forme une sorte d'objet d'art gigantesque, dont la silhouette séduisante et les couleurs chatoyantes font oublier l'exploit technique, fruit de l'ingéniosité d'un artiste trop peu connu aujourd'hui.

2 | **FAÏENCERIE DE CHOISY-LE-ROI - AUGUSTE RODIN (1840-1917), ALBERT CARRIER-BELLEUSE (1824-1887)** Jardinière des Titans

Faïence - Achat, 2004 - Inv. ODUT01914

En 1864, Rodin fait la connaissance de Carrier-Belleuse, grand sculpteur et décorateur du Second Empire, qui le recrute dans son atelier et l'emploie à de nombreux travaux. L'exécution de la *Jardinière des Titans* se situe vraisemblablement après 1876, au retour d'un voyage en Italie qui marque profondément Rodin. Signé sur la base « Carrier-Belleuse », le support, avec ses figures d'atlantes, est caractéristique du style de Rodin, admirateur de Michel-Ange. La jardinière porte la marque de la faïencerie de Choisy-le-Roi, située à proximité de Paris. Tout au long de sa carrière, Rodin manifeste un grand intérêt pour les arts du feu. De 1879 à 1882, il collabore avec la Manufacture de Sèvres pour laquelle il réalise plusieurs figures décoratives et de nombreux vases en porcelaine. Plus tard, il fait appel à des céramistes réputés pour interpréter plusieurs de ses œuvres. Ainsi, il confie à Jeanneney le soin de reproduire en grès un des personnages des *Bourgeois de Calais* et sa *Tête de Balzac*.

1 | 2

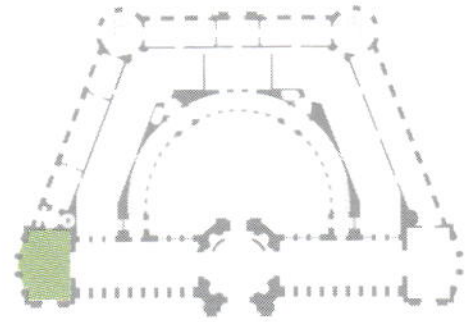

02 Les murs de la République

Un ambitieux programme de décoration pour les édifices de la vie civique marque l'achèvement des vingt mairies d'arrondissement de Paris. À partir de 1872, le service des Beaux-Arts, qui dépend de la direction des Travaux de Paris dont Alphand (voir son portrait en salle 3) assure la direction jusqu'en 1892, est chargé de suivre la programmation de ces grands chantiers décoratifs. En cette fin du XIXe siècle, le goût est à l'éclectisme que défendent les membres de l'Académie bien représentés dans les jurys de sélection. L'enjeu de ces commandes est principalement ornemental et civique. Il s'agit de parer dignement les palais de la République et d'affirmer aux yeux de tous les valeurs fondatrices de la Nation. Dans les mairies, les locaux recevant un décor peint sont principalement l'escalier d'honneur, la salle des mariages et la salle des fêtes. Leur affectation dicte le choix des thèmes iconographiques : le mariage, la famille, le travail, le suffrage universel, la défense de la patrie.

EUGÈNE CARRIÈRE (1849-1906) Les Âges de la vie : les Jeunes Mères

1900, huile sur toile - Commande à l'artiste, 1897 - Inv. PPP00415

À l'occasion de l'agrandissement de la mairie du XIIe arrondissement, Carrière reçoit en 1897 la commande du décor de la salle des mariages. Il s'agit là de sa deuxième et dernière grande réalisation décorative après celle pour l'Hôtel de Ville de Paris. Le travail de Carrière s'inscrit de manière très personnelle dans le courant réaliste qui gagne peu à peu la peinture monumentale. Si son répertoire puise dans la vie quotidienne et dans son expérience de père de famille, c'est pour en extraire la dimension symbolique et spirituelle afin, écrit-il, de « rendre des aspects nouveaux à des vérités immortelles ». Plutôt que le rôle social du mariage, le peintre évoque le don de vie qui, d'une génération à l'autre, fonde la famille. Le lien qui unit les personnages s'exprime par des gestes souples pris dans la continuité d'un tracé curviligne.

Eugène Carrière

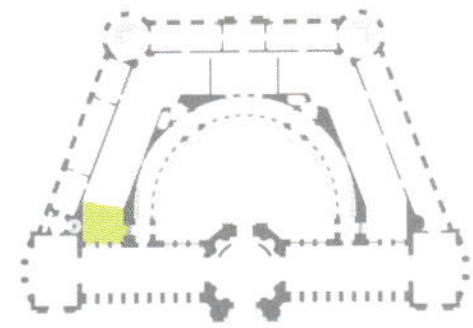

03 | L'expérimentation du réel

Au XIXe siècle, le prodigieux essor du monde industriel et de l'urbanisation aiguise les aspirations au progrès social et à la démocratie. Les arts, comme les sciences humaines, réagissent à ces mutations en cherchant à décrire l'homme dans son milieu, cernant ainsi les mécanismes fondateurs de la société moderne. Plus qu'un simple mouvement artistique, le Naturalisme offre une caisse de résonance à ces profonds bouleversements. Peintres et sculpteurs suivent l'exemple des romans de Zola et décrivent le paysan, l'ouvrier, le bourgeois ou l'indigent dans sa vérité, aussi triviale soit-elle. N'hésitant pas à s'aider de la photographie, les défenseurs du Naturalisme se veulent descriptifs tout en se souvenant des principes narratifs de la peinture d'Histoire. Ils manient avec aisance les arcanes d'une mise en scène efficace qui n'hésite pas à se déployer sur de grands formats. La Ville de Paris, engagée dans une politique sociale, encourage ce courant par des achats au Salon, qui constituent, de nos jours, l'un des points forts de la collection du Petit Palais.

1 | **ALFRED ROLL (1846-1919)** Portrait d'Adolphe Alphand
1888, huile sur toile - Achat, 1892 - Inv. PPP00112

Roll célèbre l'un des principaux artisans de la transformation de la capitale au XIXe siècle. Traité dans l'esprit du Naturalisme, le portrait représente Alphand dans ses fonctions, lors de l'installation de l'Exposition universelle de 1889, l'un des derniers grands chantiers de sa longue et active carrière. On devine à l'arrière-plan le dôme des Invalides, à côté duquel va bientôt s'élever la Tour de Gustave Eiffel, achevée en mars 1889. Mieux sans doute que la photographie encore débutante, la peinture nous transmet une image très vivante de ce grand ingénieur de soixante et onze ans, à l'allure austère et au regard vif.

2 | **LOUIS CARRIER-BELLEUSE (1848-1913)**
Porteurs de farine. Scène parisienne
1885, huile sur toile
Achat sur les arrérages du legs Dutuit, 1985 - Inv. PDUT01445

1

2

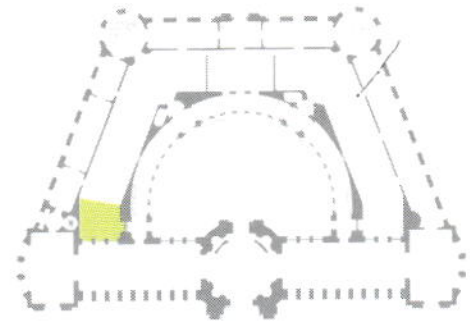

03 | La Parisienne

La fascination qu'exerce Paris, la ville lumière, sur le reste du monde à la fin du XIXe siècle s'illustre par la cristallisation d'un type : la Parisienne. Le roman naturaliste mais aussi les beaux-arts qualifient ainsi toute une panoplie de jolies femmes : la bourgeoise élégante, la mondaine piquante, la jeune fille frivole du Paris populaire.
Le sculpteur Chatrousse donne ainsi le nom de *Jeune Parisienne* à la gracieuse figure en plâtre qu'il expose au Salon de 1876, et qu'il lègue à la Ville de Paris en 1896. Vêtue d'une robe toute simple, elle tient un bouquet de lilas. Elle représente ce nouveau salariat féminin pour lequel on invente une terminologie imagée. Ainsi naît le *trottin*, surnom dérivé du verbe *trotter*, qui signifie marcher à petits pas rapides, et que l'on donne à l'apprentie chargée de faire les livraisons.

1 | **CHARLES AUGUSTE ÉMILE DURANT,** dit **CAROLUS-DURAN (1837-1917)**
Portrait de Madame Edgar Stern
1889, huile sur toile - Don Gérard Stern, 1978 - Inv. PPP03619

Peintre par excellence de la Parisienne, Carolus-Duran représente la femme élégante de son temps en prenant modèle sur la franchise de Courbet et sur la manière ample de Velázquez. Brillant coloriste à l'audace calculée, il renouvelle ainsi le portrait d'apparat, modernisé par un souci de vérité. Épouse du banquier Edgar Stern, Marguerite Fould est représentée en robe du soir. Le rouge carmin met en valeur l'éclat de ses vingt-trois ans.
Contrairement à son ami Manet, rencontré en 1855 à l'académie Suisse, Carolus-Duran connaît rapidement les honneurs et la richesse. Sa célébrité le conduit jusqu'en Amérique où il réalise de nombreux portraits pour les familles fortunées new-yorkaises.

2 | **CHARLES-ALEXANDRE GIRON (1850-1914)**
Femme aux gants, dite La Parisienne
1883, huile sur toile
Don Simone Giron-de Pourtalès, 1960 - Inv. PPP03587

3 | **ÉMILE FRANÇOIS CHATROUSSE (1829-1896)**
Une Jeune Parisienne
1876, plâtre patiné
Don de l'artiste, 1896 - Inv. PPS03400

1

2

3

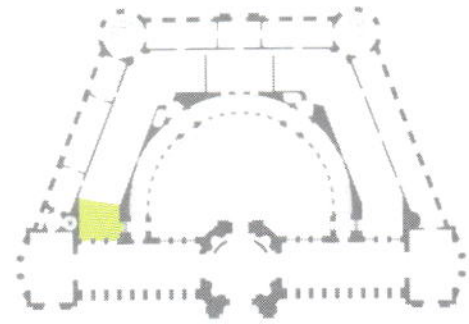

03 | Grimaces et misère

FERDINAND EMMANUEL PELEZ DE CORDOVA, dit **FERNAND PELEZ (1848-1913)**

Grimaces et misère. Les Saltimbanques

1888, huile sur toile - Achat, 1914 - Inv. PPP00594

Formé à l'École des beaux-arts dans la grande tradition classique, Pelez abandonne définitivement en 1880 les sujets rétrospectifs pour consacrer son œuvre aux humbles et aux miséreux. Celui que Péladan dénomme « le peintre de la pitié » stigmatise les plaies sociales du Paris populaire qu'il côtoie au pied de la Butte Montmartre.

En découvrant son spectaculaire tableau, *Grimaces et misère*, au Salon des Artistes français de 1888, le critique André Michel est frappé par son caractère emblématique : « Nous consacrons aujourd'hui à l'évocation de la misère physiologique, sociale et morale autant de toiles que Véronèse à l'apothéose des fêtes vénitiennes. » La même année, Seurat expose *La Parade de cirque* (New York, The Metropolitan Museum) au Salon des Indépendants. Le sujet en est très proche, mais son style pointilliste est à l'opposé de celui de Pelez qui nous confronte directement avec ses personnages. L'intention sans détour met en scène une description critique de cette fête sans joie que Rimbaud désignait dans les *Illuminations* comme « le plus violent paradis de la grimace enragée » (*Parade*, 1886) : la fatigue des jeunes équilibristes, les tours maintes fois répétés du clown enfariné, l'indifférence résignée des musiciens, la toile crasseuse d'un décor sans gaieté. En disposant ses saltimbanques du plus jeune (à gauche) au plus vieux (à droite), selon un schéma qui rappelle l'image populaire des *Âges de la vie*, le peintre ajoute une dimension symbolique à ce constat réaliste.

Seçondes
30,

Secondes
30,

ORCHESTRE FRANÇAI
F. Pelez

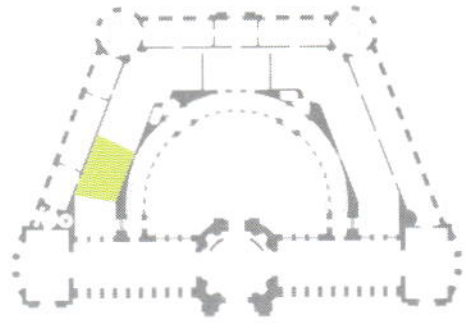

04 | Peindre vrai

Le Réalisme se veut représentation du quotidien, au plus près du vécu. Cette approche esthétique se cristallise autour de l'œuvre de Courbet, au lendemain de la révolution de 1848.
Né en 1819 dans une famille aisée d'agriculteurs comtois, Courbet puise dans ses racines rurales sa manière de percevoir le réel. Le Salon de 1849 marque l'avènement de sa maturité artistique. *Une après-dînée à Ornans* (Lille, musée des Beaux-Arts), banale scène domestique qu'il veut élever à la dignité de la peinture d'Histoire, y obtient une médaille d'or grâce au contexte favorable de la IIe République. Exposé en 1851, *Un enterrement à Ornans* (Paris, musée d'Orsay) mobilise l'attention du public et déchaîne les polémiques. Les *Pompiers courant à un incendie*, projet tout aussi ambitieux mais interrompu par le coup d'État de Louis-Napoléon Bonaparte, semble contenir un message politique sous-jacent au réalisme de la scène.
Ami de Proudhon, dont il peint le portrait posthume, Courbet se définit en effet comme un républicain de naissance et se joint en 1870 aux communards. Il est arrêté lors de la reprise de Paris par les troupes loyalistes. En prison, il peint des natures mortes de fleurs et de fruits où s'exprime son amour sensuel pour la nature. Malade, il quitte la prison pour l'exil et passe les dernières années de sa vie en Suisse.
C'est dans l'art du nu que l'originalité de sa peinture s'affirme le plus fortement. Le désir et la volupté sont incarnés par des femmes à la chair vivante qui contrastent violemment avec les nymphes diaphanes des tableaux de Salon. Par son combat contre les règles académiques, Courbet joue un rôle fondateur auprès des artistes de la génération suivante.
Le Petit Palais conserve l'un des principaux ensembles d'œuvres de Courbet, acquis à partir de 1881, puis enrichi par les dons de la sœur du peintre, Juliette, et de l'amateur d'art Théodore Duret.

GUSTAVE COURBET (1819-1877) Les Demoiselles des bords de la Seine (été)

1857, huile sur toile - Don Étienne Baudry par l'intermédiaire de Juliette Courbet, 1906 - Inv. PPP00377

Ces *Demoiselles* sont deux citadines venues se rafraîchir au bord de l'eau. Champfleury, chantre du Réalisme social, interprète la séduction trouble de ces Parisiennes à moitié dévêtues, s'abandonnant à la torpeur de l'été, comme une démonstration des mœurs relâchées du Second Empire.
Par son sujet et ses effets de lumière brossés en larges touches, le tableau annonce la grande fortune picturale des bords de Seine célébrés par les Impressionnistes, une génération plus tard.

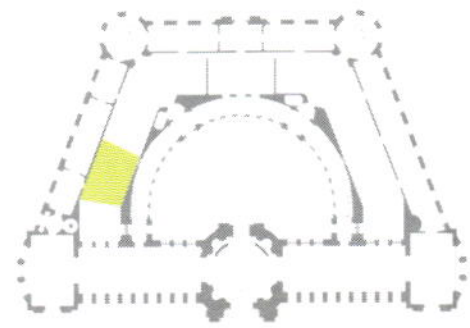

04 | Peindre vrai

1 | GUSTAVE COURBET (1819-1877) Pompiers courant à un incendie

1851, huile sur toile - Don Juliette Courbet, 1882 - Inv. PPP00737

En 1846, Courbet se rend en Hollande où la visite des musées lui apporte une déterminante leçon de peinture. Il semble qu'il se soit souvenu de ce voyage en peignant les *Pompiers courant à un incendie* dont le format et la composition rappellent *La Ronde de nuit* de Rembrandt vue au Rijksmuseum d'Amsterdam.

La scène représente un départ au feu, dans une rue de Paris, la nuit. Un ouvrier en blouse de travail a donné l'alerte. Les passants s'écartent pour laisser passer la pompe à feu.

Courbet peint cette grande toile dans la caserne de Poissy. C'est la seule de ses œuvres qui représente une scène urbaine. Par souci de réalisme, il demande aux sapeurs-pompiers d'effectuer un simulacre de départ, à la lueur des torches.

Lors du coup d'État du 2 décembre 1851, l'insurrection de la caserne de Poissy met fin au projet après un an de travail. Œuvre ambitieuse et complexe restée inachevée, elle est redécouverte dans l'atelier au décès du peintre.

2 | GUSTAVE COURBET (1819-1877) Le Sommeil

1866, huile sur toile - Achat, 1953 - Inv. PPP03130

Diplomate turc installé à Paris, Khalil-Bey rassemble une collection de peintures tournée vers l'art de son temps. Acquéreur en 1865 de l'ultime chef-d'œuvre d'Ingres, *Le Bain turc* (Paris, musée du Louvre), il s'intéresse à Courbet comme peintre de la femme et de la sensualité.

C'est à sa demande que Courbet peint cette toile. Il imagine une composition originale qui transpose l'univers du sérail oriental dans l'atmosphère confinée d'une chambre au luxe apparent. Le sujet trouve son origine dans les gravures licencieuses du XVIIIe siècle et dans les évocations littéraires de l'amour lesbien. En représentant les femmes endormies, le peintre offre au regard deux corps enlacés mais en évacue toute pensée ou sentiment. Comme l'avait fait Manet avec *L'Olympia* en 1863 (Paris, musée d'Orsay), il oppose deux types féminins en jouant sur le contraste des carnations et des chevelures. Se souvenant des chefs-d'œuvre copiés au Louvre, Courbet entend rivaliser avec deux grands maîtres du nu féminin, Titien et Rubens.

1

2

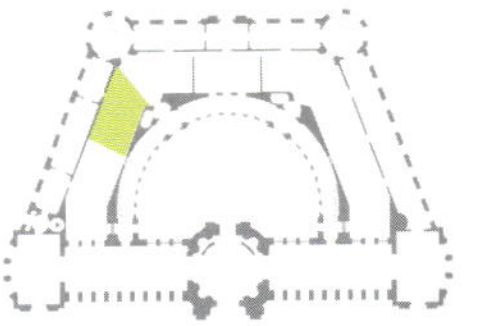

05 Un art républicain

Au XIXe siècle, une grande partie des artistes vit des achats et de la commande publique. Les régimes qui se succèdent appuient en effet leur pouvoir sur des programmes iconographiques d'envergure : en représentant les hauts faits de l'Histoire, peintures et sculptures mettent en valeur le régime en place, continuateur de la gloire de la France. Ainsi un peintre comme Philippoteaux, qui a beaucoup travaillé pour le musée de l'Histoire de France de Versailles fondé par Louis-Philippe, prend l'initiative de représenter un épisode tout récent de la révolution de 1848, espérant un achat de la nouvelle République.
Dès le début de la IIIe République, la Ville de Paris, comme l'État, s'appuie sur les artistes pour témoigner de ses valeurs républicaines. Ceux-ci doivent laisser à l'administration parisienne les esquisses et les modèles liés aux achats et commandes passés par la Ville pour les décors des mairies et les monuments de ses places. L'un des artistes majeurs de ce fonds est Aimé-Jules Dalou, grand sculpteur de l'espace public parisien.

AIMÉ-JULES DALOU (1838-1902) Le Triomphe de la République

1879, plâtre patiné - Achat par commande, 1880 - Inv. PPS00075

Dix ans avant le centenaire de la Révolution française, la Ville de Paris lance un concours pour un monument à la gloire de la République. Le projet de Dalou n'est pas lauréat mais il séduit les édiles parisiens qui lui en commandent la réalisation en bronze pour l'actuelle place de la Nation. Ce *Triomphe de la République* est inauguré en 1899.
Républicain fervent, Dalou a choisi de donner à son monument l'élan qui entraîne l'humanité vers un nouvel âge d'or : la République triomphante est juchée sur le char de la Nation, tiré par des lions que guide le génie de la Liberté ; le Travail (symbolisé par un forgeron) et la Justice encadrent le char ; la Paix répand les fruits de l'abondance. Le mouvement tournoyant de la composition et le réalisme exubérant de ses personnages révolutionnent les conventions de la sculpture de l'époque.

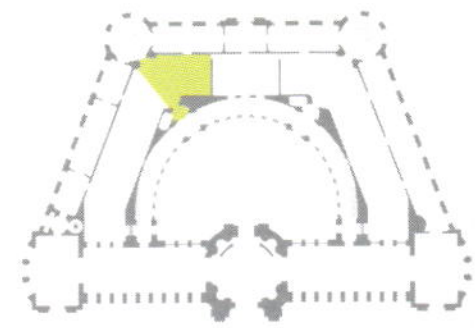

06 Thèmes chrétiens

Entre les persécutions violemment anticatholiques de certaines phases de la Révolution française, comme la Terreur, et la loi de séparation de l'Église et de l'État de 1905, la situation faite par les pouvoirs publics à l'institution ecclésiale fluctue sans cesse au cours du XIXe siècle : Concordat sous l'Empire (1802-1814), union du trône et de l'autel sous la Restauration (1814-1830), cohabitation sous la monarchie de Juillet (1830-1848), faveur affirmée au début du Second Empire (1852-1870), mise à l'écart sous la IIIe République (1875-1940).
Dans ces contextes multiples, les relations des artistes avec la foi, les milieux et les thèmes catholiques sont aussi extrêmement divers. En tout cas, contrairement à une idée communément reçue, les créations à sujet chrétien traversent avec abondance tout le siècle, soit en raison des convictions personnelles des artistes, soit grâce à l'ampleur des commandes officielles, soit par goût pour les thèmes d'histoire, soit par quête personnelle d'un sens au-delà du visible.

GUSTAVE DORÉ (1832-1883) La Vallée de larmes

1883, huile sur toile - Achat sur les arrérages du legs Dutuit, 1984 - Inv. PDUT01437

L'abondance des commandes sous la monarchie de Juillet et le Second Empire profite dans l'ensemble à des praticiens peu novateurs, alors que, parallèlement, des personnalités originales s'emparent de manière personnelle de thèmes chrétiens. Gustave Doré, catholique par tradition familiale et angoissé de tempérament, semble avoir cherché l'apaisement dans la foi chrétienne. Sa fascination pour le Christ éclate dans les peintures de la *Doré Gallery*. Celle-ci est commandée à Doré par Fairless et Beetforth en 1867, à la suite de l'énorme succès en Angleterre de sa *Sainte Bible illustrée*.
Au cours de ses vingt-quatre années d'existence, la *Doré Gallery*, avec sa vingtaine de toiles, a reçu environ deux millions et demi de visiteurs. En 1892, la plupart des peintures ont été envoyées aux États-Unis pour être présentées dans une exposition itinérante jusqu'en 1898. Puis l'oubli tombe sur elles. Elles sont retrouvées en 1947 dans un entrepôt de Manhattan, vendues aux enchères et dispersées. Depuis 1985, trois d'entre elles font partie des collections du Petit Palais, dont la dernière réalisée : *La Vallée de larmes* (1883). Comme les autres peintures de la *Doré Gallery*, cette œuvre prolonge la sensibilité romantique (salle 23) et annonce les quêtes symbolistes (salle 18).

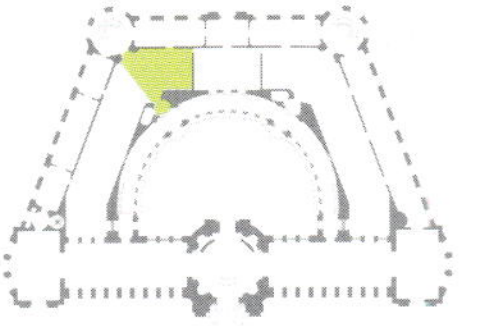

06 | Les Premières Funérailles

LOUIS ERNEST BARRIAS (1841-1905) Les Premières Funérailles

Marbre, 1883 - Achat par commande à l'artiste en 1878 - Inv. PPS00007

Ce groupe d'inspiration biblique met en scène Adam et Ève portant leur fils Abel, victime de la jalousie de son frère Caïn. Médaille d'honneur au Salon de 1878, le modèle en plâtre est alors considéré comme « la manifestation la plus haute des sentiments que peut exprimer la sculpture ».

Barrias situe la scène de deuil dans une préhistoire de fantaisie évoquée par un silex taillé. Adam est doté d'un visage farouche aux traits gaulois, autre allusion aux premiers ancêtres. Ce double ancrage pseudo-historique s'appuie probablement sur les études archéologiques, historiques ou paléontologiques de l'époque. L'artiste consacrera d'ailleurs plusieurs esquisses (conservées au Petit Palais) au même thème.

Barrias étant néanmoins nourri de références formelles à Michel-Ange ou au Bernin, les corps d'Ève et d'Abel se réclament aussi de modèles antiques revus par la Renaissance. Les trois personnages sont unis dans une composition pyramidale en gradins qui joue sur les rapports entre les corps. Avec cette reconstitution imaginaire de la première irruption de la mort, Barrias réalise en quelque sorte une Pietà des temps originels, brillante synthèse des courants néoclassique, romantique et réaliste.

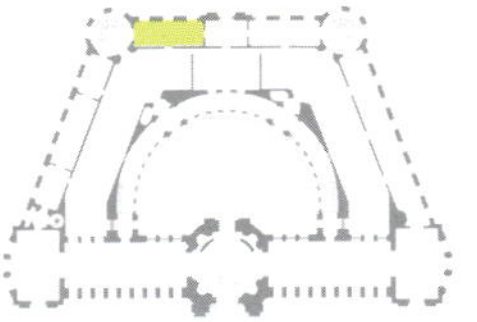

07 Plein air

La peinture de paysage est au centre des préoccupations artistiques du XIXe siècle. L'amélioration des moyens de transport, la recherche d'un contact plus vrai avec la nature initié par les Romantiques, l'expérimentation de nouvelles manières de peindre au plus près du motif favorisent l'épanouissement d'un genre qui se libère des règles académiques. L'Angleterre répand l'usage de l'aquarelle qui permet de transcrire directement avec l'aide de la couleur l'instant et la lumière. Soucieux de préserver les qualités de spontanéité de l'étude sur nature, Monet, en 1865, dépasse le stade de la pochade pratiquée par tous les artistes en voyage et installe sa toile définitive directement en extérieur. Cependant, même chez les Impressionnistes, représentés ici par Sisley, Pissarro, Cassatt et leurs précurseurs, Jongkind et Boudin, l'alternance entre le travail en plein air et celui en atelier reste un choix autant qu'une nécessité.

1 | **CLAUDE MONET (1840-1926)** Soleil couchant sur la Seine à Lavacourt, effet d'hiver
1880, huile sur toile - Don Edward Brandus, 1906 - Inv. PPP00439

Lavacourt est un village de la région parisienne situé sur la rive gauche de la Seine, face à Vétheuil où Monet s'installe en septembre 1878. Durant l'hiver 1879-1880, particulièrement rigoureux, le fleuve est pris par la glace. Affrontant le froid, Monet entreprend une vingtaine de peintures au cours des premiers mois de 1880, observant au jour le jour le dégel de la Seine.
Indifférent à l'aspect topographique du village, il s'attache au rendu atmosphérique de ce lieu entre ciel et eau au moment précis du coucher du soleil. L'originalité de sa vision qui privilégie l'instant et la vivacité de la touche aux couleurs intenses font de cette grande composition l'une des œuvres majeures de l'Impressionnisme.

2 | **ERNEST RENOUX (1863-1932)**
Études de paysages parisiens, huile sur bois ;
matériel de plein air ayant appartenu au peintre
Donation Anne-Marie Renoux, 2002
Inv. PPP04942, 04943, 04944 et 03681

3 | **FÉLIX ZIEM (1821-1911)**
Fontainebleau, le coup de vent
Vers 1860, huile sur papier marouflé sur toile
Donation Félix Ziem, 1905 - Inv. PPP00279

1

2 | 3

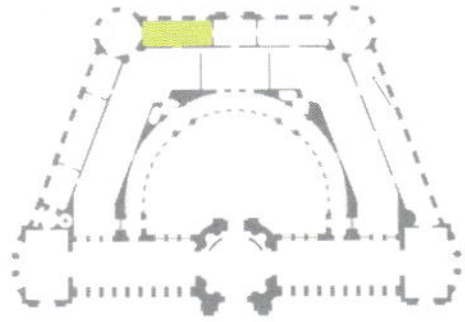

07 Rodin, l'inclassable

Auguste Rodin, le grand sculpteur de la seconde moitié du XIXe siècle, n'appartient à aucun courant de l'histoire de l'art : par ses audaces formelles – un visage émergeant d'un bloc de marbre brut, une œuvre exposée volontairement inachevée, un monument fait d'assemblages d'éléments semblables, mis dans tous les sens, et mille autres essais –, il les précède et les initie. Passionné par la matière, par le rapport de l'œuvre sculptée au lieu et au temps, il ouvre de nouveaux horizons à une génération de sculpteurs dont beaucoup ont travaillé dans ses ateliers : Camille Claudel, Antoine Bourdelle, François Pompon…, et qui prendront tous des voies différentes. Néanmoins, ses débuts sont difficiles, et la reconnaissance du public se fera attendre jusqu'à ses quarante ans.

1 | **AUGUSTE RODIN (1840-1917)** Torse d'homme

Vers 1887-1888, bronze - D'après l'original en terre, étude pour Saint Jean-Baptiste prêchant, vers 1878-1879 - Don Sir Joseph Duveen, 1923 - Inv. PPS01256

Vers 1887, Rodin redécouvre avec enthousiasme dans un coin de son atelier une étude pour le grand *Saint Jean-Baptiste* en plâtre exposé au Salon de 1880 : un torse d'homme en terre crue, fissuré, craquelé et incomplet. Pour en préserver la beauté presque archéologique, il en fait faire un moulage et cette très belle fonte. Le bronze transcrit fidèlement les irrégularités de la surface de la terre, desséchée, partiellement cassée. La patine verdâtre lui donne l'aspect d'un fragment d'antique.
En 1900, Rodin reprend le *Torse* : il en tire une épreuve en plâtre qu'il assemble à une paire de jambes - autre étude pour le *Saint Jean-Baptiste* - et crée ainsi un révolutionnaire *Homme qui marche*. Cette statue tronquée en mouvement, sans tête ni bras, est présentée la même année au pavillon de l'Alma, lieu d'exposition indépendant de l'Exposition universelle. Au-delà de son audace elliptique, L'*Homme qui marche* révèle un Rodin de la maturité, fasciné par le fragment, les assemblages et le passage du temps sur sa création.

2 | **AUGUSTE RODIN (1840-1917)** Amour et Psyché

Vers 1885, marbre, d'après le modèle en plâtre - Legs Madame Thors, 1930 - Inv. PPS01463

1

2

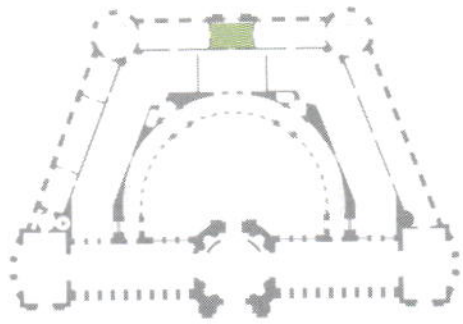

08 Ambroise Vollard devant ses peintres

1 | **PAUL CÉZANNE (1839-1906)** Portrait d'Ambroise Vollard
1899, huile sur toile - Legs Ambroise Vollard, 1945 - Inv. PPP02100

« J'ai posé un certain nombre de fois. » Par cette simple phrase, Ambroise Vollard ouvre un court chapitre des *Souvenirs d'un marchand de tableaux* (1937) intitulé « Mes portraits ». Le marchand y raconte quelques anecdotes savoureuses sur ses séances de pose devant différents peintres. Ses portraits fixent, au fil des années, les traits de ce créole de presque deux mètres, qui n'hésite pas, pour Renoir, à quitter son costume sombre et usagé pour se coiffer d'un foulard rouge, souvenir de la Réunion, ou à revêtir un flamboyant costume de toréador (Tokyo, collection de la société nippone de télédiffusion).

Cézanne inaugure le principe en 1899 avec d'innombrables séances de pose où le silence est de rigueur, et Vollard, assis en équilibre sur un tabouret, doit rester aussi immobile qu'une « pomme » sur un guéridon. Chez Renoir, l'ambiance est plus détendue et l'on peut parler et même bouger. Bonnard, qui connaît les prédispositions de son modèle à sombrer dans le sommeil, place un petit chat sur ses genoux de façon à le maintenir éveillé.

D'autres artistes de la galerie de la rue Laffitte vont se prêter à l'exercice : Louis Valtat, Pablo Picasso, Émile Bernard, Jean-Louis Forain, Raoul Dufy, Georges Rouault. Certains portraits sont de véritables manifestes artistiques, tels ceux peints par Cézanne (Paris, Petit Palais) et par Picasso (Moscou, musée Pouchkine), qui offrent une saisissante démonstration de l'influence du maître d'Aix sur la naissance du Cubisme.

Vollard a conscience d'œuvrer pour la postérité en associant ainsi son effigie à des signatures qu'il contribue à faire connaître. Sa générosité envers le Petit Palais, qui reçoit de lui nombre de peintures, sculptures, céramiques, livres, dessins et estampes, le confirme.

2 | **PIERRE-AUGUSTE RENOIR (1841-1919)**
Ambroise Vollard au foulard rouge
Vers 1911, huile sur toile
Don Ambroise Vollard, 1928 - Inv. PPP00827

3 | **PIERRE BONNARD (1867-1947)**
Ambroise Vollard au chat
Vers 1924, huile sur toile
Don succession Vollard, 1950 - Inv. PPP03052

1

2 | 3

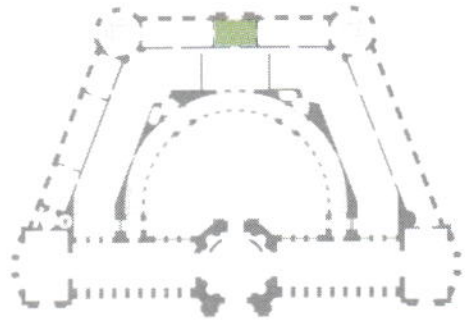

08 | Prémices de la modernité

La révolution industrielle fait espérer dans la marche du progrès et donne confiance en l'avenir. Baudelaire, le premier, parle de *modernité*, qu'il associe au sentiment d'un devenir permanent. Une rupture définitive s'opère alors entre l'art officiel, enferré dans la répétition des codes du passé, et ceux qui revendiquent la liberté de traduire leurs sensations : « Si les Salons officiels restent si inférieurs, écrit Cézanne à Bernard en 1905, la raison est qu'ils ne mettent en œuvre que des procédés [...] Il vaudrait mieux apporter plus d'émotion personnelle, d'observation et de caractère. » En se libérant des contraintes de la représentation, l'artiste cherche en lui-même les moyens d'exprimer « sa volonté d'art » (Signac), ce que Kandinsky appelle « le beau intérieur ». La couleur volontairement arbitraire chez Van Gogh et Gauguin ouvre la voie aux Fauves. Les Cubistes radicalisent la démarche de Cézanne sur l'espace et la forme. Ces courants novateurs peu exposés et mal compris vont trouver dans la diversification des Salons l'occasion d'atteindre leur public. En 1884 est inauguré le Salon des Indépendants, sans jury ni récompense. Plus sélective, la Société Nationale des Beaux-Arts accueille, à partir de 1890, Maillol, Puvis de Chavannes et Rodin. Mais c'est au Salon d'Automne, inauguré en 1903 dans les salles du Petit Palais, que les grands novateurs du XIXe siècle, Cézanne, Renoir, Redon, Lautrec, sont pour la première fois mis en exergue.

1 | **ARISTIDE MAILLOL (1861-1944)** La Vague

Vers 1891-1898, huile sur toile - Entrée au musée en 1957 - Inv. PPP02279

Avant d'être sculpteur, Maillol s'est consacré dix ans à la peinture. Oubliant vite les cours de l'École des beaux-arts, il se rallie aux leçons de Gauguin à Pont-Aven. Désireux d'abolir les frontières artistiques, Maillol aborde le nu non seulement en peintre, mais aussi en utilisant le bois gravé, le plâtre, la tapisserie, donnant ainsi une application concrète à son intérêt pour les arts décoratifs.

La Vague emprunte à Gauguin le schéma spatial sans horizon et les volutes décoratives de l'écume héritées du Japonisme. À la manière des métopes du Parthénon, la baigneuse, construite sur un jeu de courbes, semble se plier au format presque carré de la toile. L'emploi d'une peinture mate fait aussi référence à l'architecture et plus précisément à la peinture murale dont Puvis de Chavannes est alors le grand rénovateur.

2 | **PAUL GAUGUIN (1848-1903)** Jardinière

1886-1887, grès partiellement peint et émaillé, décor incisé et modelé
Achat sur les arrérages du legs Dutuit, 1994 - Inv. ODUT01787

1

2

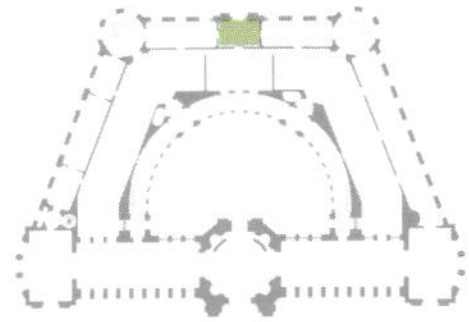

08 Prémices de la modernité

1 | **PAUL CÉZANNE (1839-1906)** Trois baigneuses
1879-1882, huile sur toile - Don M. et Mme Henri Matisse, 1936 - Inv. PPP02099

Cézanne consacre plus de deux cents peintures, aquarelles et dessins aux *Baigneurs* et *Baigneuses*. Il aborde ce sujet à partir de 1860 et le développe jusqu'en 1906, plusieurs années étant parfois nécessaires à l'élaboration des plus grands formats. Au fur et à mesure qu'évoluent les compositions, les éléments descriptifs disparaissent au profit de la construction. Les figures deviennent les pièces d'un assemblage pictural rigoureusement ordonné. On sait que le peintre n'avait pas recours à des modèles d'atelier, préférant utiliser d'anciens croquis de nus et ses copies du Titien ou de Rubens réalisées au musée du Louvre, bien des années auparavant.
Matisse considère cette composition comme de première importance. Il en fait l'acquisition en 1899 chez Ambroise Vollard. Dans une lettre adressée à Raymond Escholier, directeur du Petit Palais, le peintre en évoque l'impact sur ses propres recherches : « Depuis trente-sept ans que je la possède, je connais assez bien cette toile, pas entièrement, je l'espère ; elle m'a soutenu moralement dans des moments critiques de mon aventure d'artiste ; j'y ai puisé ma foi et ma persévérance. »
Blonde, rousse et brune, les trois baigneuses du Petit Palais s'inscrivent dans une composition pyramidale nettement délimitée par deux arbres formant une arche. L'usage d'un format presque carré, qui se retrouve dans plusieurs versions, renforce cette impression de densité et de plénitude évoquée par Matisse, grand admirateur de ce tableau. Les premiers collectionneurs à comprendre la portée de la révolution picturale de Cézanne sont des peintres. Picasso est lui aussi admirateur et collectionneur des *Baigneuses* et s'y réfère pour peindre *Les Demoiselles d'Avignon* (New York, Museum of Modern Art).

2 | **ÉMILE-ANTOINE BOURDELLE (1861-1929)**
Pénélope
s. d., bronze, d'après le modèle en plâtre, 1909
Fonds ancien du Petit Palais - Inv. PPS01524

3 | **MARY CASSATT (1844-1926), ANDRÉ METTHEY (1871-1920)** La Ronde des enfants
Vers 1905-1908, faïence - Don Ambroise Vollard, 1937
Inv. PPO01835

1

2 | 3

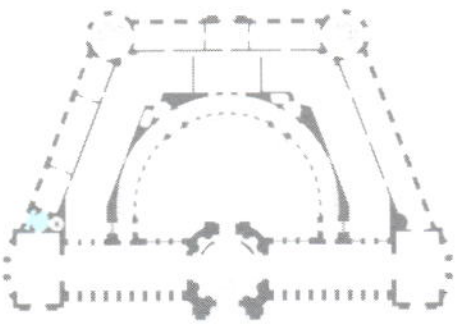

09 | Les grotesques à la Bérain

Dans les années 1690-1720, l'arabesque, ou grotesque, connaît un regain de faveur par l'action de peintres et décorateurs à la suite de Jean I Bérain (1640-1711). Dessinateur du cabinet du roi, celui-ci donne son nom à ce type de décor, emprunté à la Renaissance. On le qualifie de grotesque car il s'inspire des peintures de la *Domus aurea* de l'empereur Néron, redécouvertes à Rome, ensevelies comme dans des grottes. On l'appelle aussi arabesque, par allusion aux entrelacs complexes de l'art islamique.

Il recouvre boiseries, panneaux de chaises à porteurs, faïences et tentures de petits personnages mêlés à des animaux, des feuillages, vases, colonnettes et rinceaux. Les manufactures de tapisseries des Gobelins et de Beauvais créent les *Grotesques à fond jaune ou tabac d'Espagne* vers 1690-1700 et plusieurs séries de *Mois arabesques* entre 1694 et 1709.

Les grotesques ornent aussi la marqueterie de laiton et d'écaille, particulièrement illustrée par André-Charles Boulle (1642-1732). Le métal et l'écaille, découpés en couches superposées, donnent un décor *en première partie* et un *en contrepartie*, l'un étant en quelque sorte le négatif de l'autre. Les faïences de Moustiers, en Provence, les font ressortir dans un bleu de cobalt intense sur un fond blanc crémeux légèrement rosé, brillant et bien nappé.

1 | Chaise à porteurs

Paris, vers 1700-1715, bois doré, sculpté et peint - Donation Tuck, 1921 - Inv. OTUCK00059

Les armes conjointes du duc Léopold Ier de Lorraine (1679-1729) et de son épouse Élisabeth-Charlotte d'Orléans (1676-1744), nièce de Louis XIV, expliquent l'étonnante richesse de cet objet utilitaire. Il concourt au prestige de son propriétaire, dans la rue ou dans le vestibule de l'hôtel particulier où il se rend en visite. Le décor d'arabesques évoque certaines œuvres de l'ornemaniste Sébastien Leclerc (1637-1714). Les Renommées et les Victoires, Mars et l'Histoire y célèbrent la gloire militaire des ducs de Lorraine. Les amours couronnés rappellent l'union des deux époux en 1698. Un toit de cuir clouté et des panneaux d'un matériau imperméable comme la laque ou le vernis Martin protègent ce type d'objets des intempéries.

2 | Table bureau dit Mazarin

Ebéniste **NICOLAS SAGEOT** - Estampille : NICOLAS-SAGOET

Paris, vers 1700-1720, bâti en résineux, placages d'écaille de tortue et laiton, bronzes dorés - Legs Dutuit, 1902 - Inv. ODUT01500

3 | Plat

Moustiers, 1re moitié du XVIIIe siècle, faïence - Legs Dutuit, 1902

Inv. ODUT01156

1

2 | 3

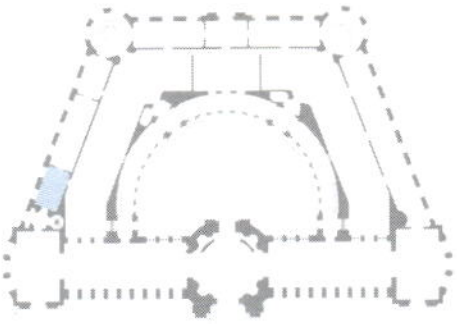

10 | Le mobilier rocaille

La Régence de Philippe d'Orléans (1715-1723) et la première partie du règne de Louis XV constituent l'un des âges d'or du meuble français. La recherche conjointe d'élégance et de confort s'appuie sur la maîtrise technique des artisans.
Le bâti des meubles d'ébénisterie est en chêne ou en sapin, le placage en bois exotiques. Le frisage consiste à réaliser des motifs (en ailes de papillon, en rosaces, en losanges) en orientant différemment le fil du bois. La marqueterie crée des décors géométriques ou figurés (bouquets de fleurs, architectures, trophées) avec des bois de couleurs différentes, parfois teintés. Les marqueteries ont en général des fonds en frisage, d'essences claires (satiné et bois de rose surtout) avec des frises et rinceaux d'encadrement en bois sombre (bois de violette, palissandre, amarante).

1 | Meuble combiné : commode à battants, secrétaire en tiroir, armoire
Attribué à l'ébéniste **ROGER VAN DER CRUSE**, dit **LA CROIX** (1728-1794, maître en 1755) - Paris, vers 1760, bâti en chêne, marqueterie de fleurs, frisé de bois de rose et amarante ; bronzes dorés ; marbre brèche d'Alep - Achat sur les arrérages du legs Dutuit, 1926 - Inv. ODUT01608

Roger Van der Cruse dit La Croix par traduction de son patronyme, demeure longtemps connu uniquement par la mystérieuse estampille de RVLC. Il s'agit d'une signature de l'ébéniste produite par impression en creux dans le bois du meuble, au moyen d'un coup de maillet, d'une sorte de tampon en relief. RVLC affectionne d'abord la marqueterie de fleurs, puis les motifs géométriques : croisillons, losanges ou cercles imbriqués. Il préfère les placages de bois clairs, bois de rose puis citronnier. Il réalise plusieurs secrétaires en armoire de forme légèrement galbée ouvrant à rideaux coulissants. Celui-ci est sans doute l'un des premiers modèles, avec son tiroir formant écritoire, car, plus tard, ils ouvriront à abattant ou à cylindre.
Il travaille pour l'ébéniste et marchand Pierre IV Migeon qui fournit la cour et Madame de Pompadour. Les meubles de Migeon ont des lignes faiblement incurvées et des placages à dessins géométriques de bois sombre (satiné, amarante et bois de violette), souvent en ailes de papillon. Jacques Dubois produit aussi pour Migeon, mais dans un esprit plus rocaille. Ses appliques de bronze sont caractéristiques.

2 | Table de lit, dite table d'accouchée
Ébéniste **PIERRE IV MIGEON** (1701-1758)
Paris, vers 1750, bâti en sapin pour le fond, noyer pour la ceinture ; placages de satiné, bois de violette et amarante ; laque du Japon ; bronze et fer dorés - Legs Dutuit, 1902 - Inv. ODUT01520

3 | Table bureau
Attribuée à **JACQUES DUBOIS** (vers 1693-1763, maître en 1742)
Paris, vers 1740-1760, frisage de bois de rose et de bois de violette, bronze doré, cuir noir - Donation Tuck, 1921 - Inv. OTUCK00064

1

2

3

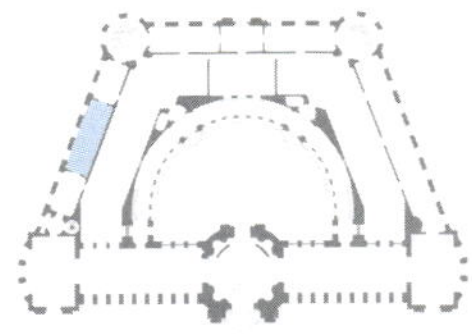

11 | Les tapisseries

L'art de la tapisserie consiste à tisser de grands panneaux servant de décor mural. Sur une nappe de fils de chaîne tendus parallèlement sont passés des fils de trame de diverses couleurs qui recouvrent totalement les précédents en formant des motifs. Le lissier réalisant la tapisserie sur le métier passe son fil à l'aide d'une navette - sorte de petite baguette de bois fuselée qu'il doit changer avec chaque couleur. La manufacture royale des Gobelins, créée en 1662, travaille pour la couronne. Fondée en 1664, Beauvais fournit à la fois le roi et de riches particuliers. Les ateliers du centre de la France, regroupés sous l'appellation de manufacture royale d'Aubusson, ont également une clientèle privée. Le thème très apprécié de l'exotisme - comme à la fin du XVIIe siècle l'*Histoire du roi de la Chine* - connaît en 1767 une tentative de renouvellement sans lendemain avec les *Jeux russiens* (russes) de Jean-Baptiste Le Prince, ancien élève du peintre François Boucher.
Mise à la mode par celui-ci, la vision idyllique de la vie à la campagne inspire des pastorales auxquelles la tapisserie demeure fidèle jusqu'à la fin du siècle avec le peintre animalier Jean-Baptiste Huet. Au XVIIIe siècle, les bordures se réduisent à l'imitation de cadres sculptés dorés ou se transforment en *alentours*, c'est-à-dire qu'elles s'intègrent à la scène principale sous l'apparence de guirlandes, végétaux ou draperies. Des garnitures de sièges assorties accompagnent de plus en plus souvent les pièces murales.

1 | Psyché conduite par Zéphire dans le palais de l'Amour et Psyché montrant ses richesses à ses sœurs – Tapisserie de la tenture de l'*Histoire de Psyché* (ill. pages suivantes)
D'après des modèles de **FRANÇOIS BOUCHER** (1703-1770) - Beauvais, après 1741, laine et soie - Donation Tuck, 1921 - Inv. OTUCK00019

Sous la direction artistique du peintre Jean-Baptiste Oudry, la manufacture royale de tapisserie de Beauvais emploie les plus grands artistes de l'époque, dont Oudry lui-même et surtout François Boucher qui réalise les modèles de six tentures. Le mythe de Psyché connaît un grand succès au XVIIIe siècle. Jean van Orley puis son neveu Maximilien de Hase en donnent deux versions pour les manufactures bruxelloises. À Paris, au moment même où Boucher travaille à la commande de Beauvais, le peintre Natoire achève une série de peintures de Cupidon et Psyché dans le salon ovale de la princesse de Soubise.
Les cinq pièces de l'*Histoire de Psyché* de Boucher ont de prestigieux commanditaires : l'ambassadeur d'Espagne en 1744, le roi de Suède en 1745, l'infant duc de Parme en 1748, Louis XV en 1758 et le roi de Prusse en 1764.
L'exemplaire du Petit Palais est un rentrayage, c'est-à-dire la réunion de deux tapisseries.

2 | La Danse à deux
Tapisserie de la tenture des *Pastorales à draperies bleues et arabesques*
D'après des modèles de **JEAN-BAPTISTE HUET** (1745-1811)
Beauvais, vers 1780, laine et soie - Donation Tuck, 1921 -
Inv. OTUCK00020

---

3 | Le Retour de la chasse
Tapisserie de la tenture de *L'Histoire de l'Empereur ou du roi de la Chine*
D'après des modèles de **GUY-LOUIS VERNANSAL** (1648-1729), **JEAN-BAPTISTE BELIN DE FONTENAY** (1653-1715) et **JEAN-BAPTISTE MONNOYER** (1634-1699) - Beauvais, vers 1700, laine et soie - Collections municipales - Inv. PPO03526

1 | Psyché conduite par Zéphire dans le palais de l'Amour
et Psyché montrant ses richesses à ses sœurs

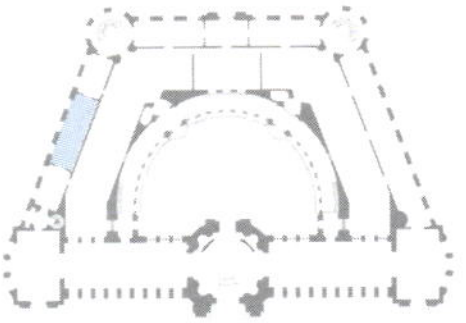

11 Les porcelaines de Sèvres

À partir de 1753, Louis XV exerce son contrôle sur la manufacture royale de porcelaine de Vincennes, dont les pièces sont marquées du double L entrelacé, chiffre du roi, enfermant une lettre date. En 1756, les ateliers s'installent à Sèvres.
On y produit de la porcelaine tendre, qui se raye facilement mais très belle et fixant bien les couleurs. À la différence de la porcelaine dure chinoise ou saxonne, la porcelaine tendre française ne comprend pas de kaolin - une argile fine et blanche. Sa pâte contient une fritte, mélange artificiel chauffé jusqu'à vitrification puis broyé et malaxé.
Sèvres se fait une spécialité des fonds de couleurs vives. Les bleus les plus appréciés sont le *bleu lapis*, très sombre, et, à partir de 1753, le *bleu céleste*, un bleu turquoise très lumineux qui retrouve une nouvelle faveur dans les décennies 1760 et 1770. Le rose apparaît en 1757.
On ne recule pas devant de hardis contrastes de couleurs. Le fond rose s'accompagne souvent d'un *vert pomme* assez cru à partir des années 1760 ou de *bleu lapis* avec des motifs dorés. Ceux-ci sont *vermiculés* si leurs courbes font penser à des galeries de vers ou *cailloutés* quand ils dessinent des sortes de galets. L'emploi de l'or est d'ailleurs un privilège de la manufacture.

1 | Vase flacon à cordes Attribué au peintre **JEAN-LOUIS MORIN** (1732-1787)

Le *vase flacon à cordes* apparaît dans le registre des ventes de la manufacture de Sèvres pour les années 1771 et suivantes. Le *bleu céleste* retrouve alors un prestige dû à son éclat et à son coût, car on utilise pour le réaliser de l'aigue-marine importée de Venise. Sur une face figure un trophée d'instruments de navigation maritime et de plantes aquatiques et, sur l'autre, une scène portuaire à la manière de Morin, peintre de marines à la manufacture de 1754 à 1787.
Parmi les présents offerts en 1771 au roi de Suède en visite en France figure un *vase flacon à cordes*. Des manufactures de porcelaine anglaises, en particulier Minton, imitent ce type jusqu'en plein XIXe siècle.

2 | Aiguière et bassin dits broc Roussel et cuvette à bord de reliefs Sèvres, vers 1757-1765, porcelaine tendre artificielle, fond rose, dorure, émaux polychromes Donation Tuck, 1921 - Inv. OTUCK00098

3 | Cuvette Verdun Peintre **XROUET-SECROIX** Sèvres, 1760, porcelaine tendre artificielle, fond rose vermiculé, dorure, émaux polychromes - Donation Tuck, 1921 Inv. OTUCK00096

2

3

1

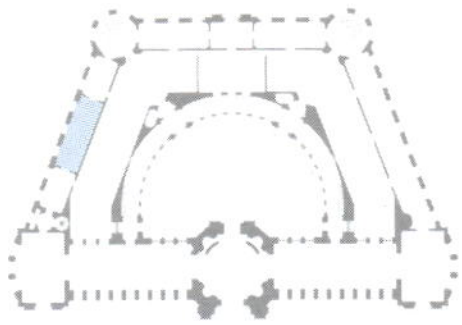

11 Les porcelaines allemandes

Johann Friedrich Böttger (1682-1719) découvre en 1708, pour Auguste II de Saxe, le secret de fabrication de la porcelaine dure à la façon de la Chine, recherché en Europe depuis plus d'un siècle. À la manufacture de Meissen fondée en 1710, Johann Gregorius Höroldt (1696-1775) crée d'originaux décors peints de chinoiseries et de scènes de ports.

À partir de 1731 et pendant plus de quarante ans, Johann Joachim Kändler (1706-1775) réalise de nombreux modèles de figurines sur des thèmes à la mode : chinoiseries et turqueries, commedia dell'arte, pastorales, animaux. Les figures dites à tort *à la crinoline* mettent en scène des femmes élégamment vêtues d'immenses robes à décor de fleurs stylisées *indiennes*, inspirées des porcelaines japonaises. Celles aux chiens carlins ou doguins sont une allusion voilée à la franc-maçonnerie. Le succès des réalisations de Kändler, très représentatives du style rocaille, tend peu à peu à supplanter celui de l'atelier de peinture.

1 | Pendule à orgues, Le Concert de singes
Horloger **JEAN MOISY** (1714-1782, maître en 1753)
Bronzes attribués à l'orfèvre Jean-Claude Chambellan, dit Duplessis (vers 1690-1774)
Donneurs de modèles des figurines de porcelaine Johann Joachim Kändler (1706-1775) et Peter Reinicke (1715-1768)
Vers 1755-1760, bronzes dorés, fleurs en porcelaine tendre de Vincennes, figurines en porcelaine dure de Saxe - Achat sur les arrérages du legs Dutuit, 1996 - Inv. ODUT01790

Des porcelaines de diverses origines sont souvent juxtaposées sur une même pièce, comme ici la couronne de fleurs en pâte tendre de Vincennes et les figurines de porcelaine dure allemande. À Vincennes, le goût pour les fleurs au naturel connaît son apogée en 1751. Les premiers orchestres de singes apparaissent peut-être en France, à Mennecy, après 1740, mais c'est en Allemagne qu'il connaissent leur plus brillant développement. À Meissen, Johann Joachim Kändler en donne en 1743 le modèle adopté ici, qu'il reprend en 1767, avec l'aide de son collaborateur Peter Reinicke.

Cette pièce exceptionnelle a probablement fait l'objet d'une commande particulière, peut-être par l'intermédiaire d'un grand marchand-mercier comme Lazare Duvaux qui vend en décembre 1753 un orchestre de singes à madame de Pompadour.

2 | Groupe, Le Marchand de cœurs
Modèle de **JOHANN JOACHIM KÄNDLER** (1706-1775)
Meissen, vers 1738-1750, porcelaine dure, dorure, émaux polychromes - Donation Tuck, 1921 - Inv. OTUCK00129

3 | Figurine, La Dame aux carlins
Modèle de **JOHANN JOACHIM KÄNDLER** (1706-1775)
Meissen, vers 1744-1750, porcelaine dure, dorure, émaux polychromes - Donation Tuck, 1921 - Inv. OTUCK00127

2

3

1

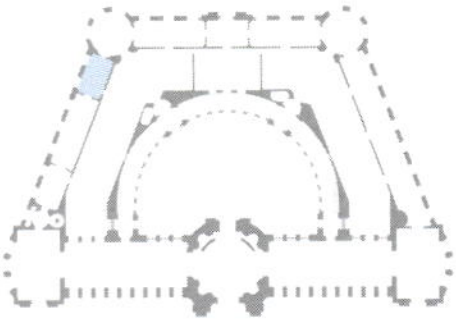

12 Le mobilier Transition et Louis XVI

Dans la dernière partie du règne de Louis XV, à partir de 1760-1765 environ, les formes courbes et tourmentées du mobilier rocaille - auquel le nom du roi reste attaché - s'assagissent et évoluent vers les lignes rectilignes du style Louis XVI. Dans un premier temps, jusque vers 1770-1775, les deux tendances se mélangent dans le style Transition.
Particulièrement caractéristiques de cette période sont les meubles à caissons droits reposant sur des pieds encore galbés. La commode comporte un caisson aux montants parfaitement rectilignes mais avec un ressaut central en façade. Plus rares qu'à la période précédente, les bronzes illustrent le nouveau vocabulaire décoratif : plaques à l'antique, anneaux de tirage, cul-de-lampe à cassolette.
Très représentatif de cette évolution des styles, du rocaille au Louis XVI, l'ébéniste Pierre Roussel est bien représenté au Petit Palais.

1 | Meuble combiné : bonheur du jour, secrétaire en tiroir, toilette
Atelier de l'ébéniste **RENÉ DUBOIS** (1737-1799)
Paris, vers 1775-1785, bois laqué bleu à décor de jeux d'amours en camaïeu beige ; bronze doré - Legs Dutuit, 1902 - Inv. ODUT01505

René Dubois (1737-1799) reprend l'atelier de son père Jacques (1693-1763) dont il se distingue résolument par l'abandon du répertoire rocaille et la création de meubles caractéristiques peints en camaïeux de tons beiges sur fond vert ou bleu. Les peintures représentent des scènes de ports, des chinoiseries ou des bas-relief en trompe-l'œil de jeux d'enfants dans le goût du graveur Louis-Félix de La Rue (1731-1765), lui-même influencé par le peintre François Boucher (1703-1770).
Le *bonheur du jour* est une table à écrire surmontée d'un gradin, dans laquelle une tablette coulissante sert d'écritoire. Un tiroir remplace ici la tablette. Par ailleurs, le dessus de ce tiroir pivote vers l'arrière et découvre un miroir et des cases pour les ustensiles de toilette.

2 | Commode **PIERRE I ROUSSEL** (Paris 1723-1782, maître en 1745)
Paris, vers 1765-1770, marqueterie de bois divers sur fond de sycomore teinté en vert, bronze
Legs Dutuit, 1902 - Inv. ODUT01507

3 | Secrétaire à abattant, armoire basse
Attribué à l'atelier de **RENÉ DUBOIS** (1737-1799, maître en 1755)
Paris, vers 1770-1780, bois laqué à décor en trompe-l'œil et en camaïeu, marbre blanc veiné, bronze doré, marqueterie de bois de rose, cuir - Legs Dutuit, 1902 - Inv. ODUT01506

2

3

1

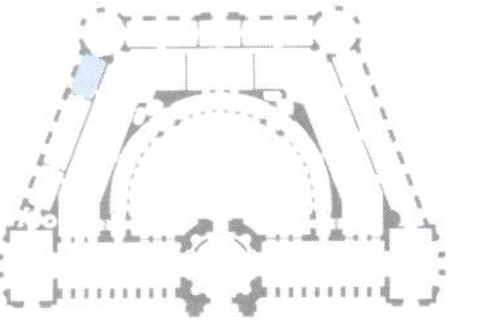

12 Sensibilité à la nature

L’avènement de Louis XVI en 1774 ne représente pas vraiment une date dans l’histoire de la peinture mais, entre 1770 et 1789, celle-ci connaît des transformations majeures et rapides qui se prolongent bien au-delà de la Révolution. Ce changement de goût se caractérise par, à la fois, plus de sensibilité et plus de sévérité. Cette dernière nourrit le mouvement néo-classique dont le chef de file est Jacques-Louis David (1748-1825), présent dans la salle 12 avec une œuvre de jeunesse. Et la nouvelle sensibilité s’exprime tout particulièrement dans le paysage. Elle se retrouve dans l’œuvre d’un des grands paysagistes de l’époque, Hubert Robert. Celui-ci, au cours du séjour qu’il effectue à Rome, au début de sa carrière, de 1754 à 1765, se constitue un répertoire de motifs de ruines qu’il décline toute sa vie et qui lui vaut le surnom de Robert des Ruines.

HUBERT ROBERT (1733-1790) Lavandières dans un parc

Vers 1775, huile sur toile - Legs Dutuit, 1902 - Inv. PDUT00881

Cette peinture montre que l’art d’Hubert Robert ne peut se résumer à la représentation de ruines et est très liée à une autre de ses activités, celle de créateur de jardins. Nommé « dessinateur des jardins du roi », il travaille en particulier à Versailles et à Rambouillet. Il est appelé aussi par de grands seigneurs et de riches financiers à créer autour de Paris de nombreux jardins célèbres, comme ceux de Méréville (aujourd’hui détruits) où il sème à son gré et suivant son imagination, terrasses, galeries, bassins, jets d’eau, statues, escaliers magnifiques, avenues aux perspectives variées.

Dans *Lavandières dans un parc* Hubert Robert représente cette nature domestiquée, cadre de l’activité humaine, embellie par l’art et l’industrie, sous la forme de jardins imaginaires analogues à ceux qu’il crée. C’est une peinture de ce type que Proust a en mémoire quand à deux reprises il évoque cet artiste dans *À la recherche du temps perdu*. Hubert Robert ici joue de l’opposition entre le jardin magnifique et majestueux et la banalité de la scène familière qui l’anime avec la transformation de la pièce d’eau en lavoir. Dans ce site harmonieux règne une ambiance exquise, le charme de la vie heureuse qu’Hubert Robert crée avec ce qui fait le meilleur de son art : un métier fluide, des couleurs claires, des tons argentés, l’art du glacis et des superpositions de teintes, des jeux de lumière, une exécution vive et spirituelle.

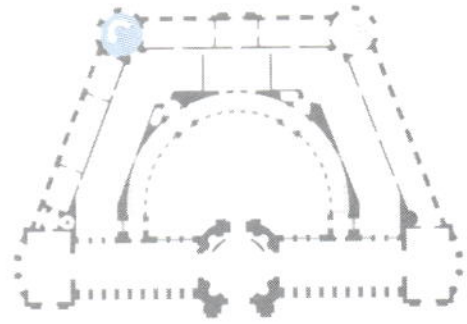

13 La peinture décorative

Les peintures de la salle 13 illustrent deux aspects de la peinture décorative du XVIIIe siècle : les paysages de la fin du siècle servant de cadre à des ruines et des vestiges antiques avec Hubert Robert (1733-1808) et le goût pour la chinoiserie avec Pillement. Celui-ci est en effet l'un des principaux artisans de ce mouvement qui connaît son âge d'or au XVIIIe siècle et pour lequel la France donne le ton à l'Europe. Antoine Watteau (1684-1721) peut être considéré comme le principal instigateur de ce goût nouveau pour lequel la Chine est un prétexte à la représentation d'un monde irréel délicieusement absurde, sans poids et sans volume.
D'origine lyonnaise, Pillement termine son apprentissage à Paris où, en 1743, il est dessinateur aux Gobelins et obtient le titre de peintre de la reine Marie-Antoinette. Essentiellement peintre de paysages, au début de sa carrière il se fait aussi une spécialité de dessins de chinoiseries. Par l'intermédiaire de la gravure et aussi de ses nombreux voyages dans toute l'Europe, ses figures et fleurs chinoises et ses savants échafaudages d'éléments végétaux et animaux finement entrelacés inspirent l'art décoratif de son temps, en France comme à l'étranger. Pillement prolonge sous Louis XVI le style rocaille et on peut lui appliquer la phrase des Goncourt concernant Boucher dont ils disent joliment qu'il fait « de la Chine une des provinces du Rococo ».

JEAN PILLEMENT (1728-1808) Chinoiserie

Entre 1765 et 1767, huile sur toile - Don du comte et de la comtesse Andrzej Mniszech, 1901 - Inv. PPP00442

Durant son séjour à Varsovie, entre 1765 et 1767, Pillement aurait réalisé cette peinture avec les trois autres panneaux de sa main exposés dans la salle 13, pour le roi Stanislas-Auguste Poniatowski qui lui a accordé le titre de « premier peintre du roi de Pologne ».
Il joue ici du contraste de l'incrustation de personnages chinois dans un ensemble décoratif dont les motifs comme le médaillon à bordure végétale ou les arceaux de verdure sont d'un rococo très occidental. Les très jolis petits paysages contenus dans les médaillons illustrent parfaitement son activité en ce domaine. Il marie avec aisance des fleurs, feuilles, branchages réels ou d'une invention totalement fantaisiste, se voulant dans le goût chinois qui lui est propre. Les coloris clairs, légers et d'une grande fraîcheur contribuent à la féerie de l'ensemble.

Rez-de-chaussée

Salles 14 à 40

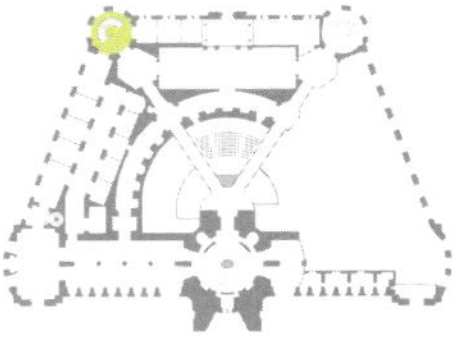

14 | Tourments de la création

Jean-Baptiste Carpeaux, Valenciennois d'origine modeste, a très tôt conscience de son génie, et du travail nécessaire pour parvenir à la renommée. En dépit de ses talents de peintre, il sera le grand sculpteur du Second Empire, réservant la peinture à ses recherches ou à son délassement. Après dix ans d'efforts, il remporte le Grand Prix de Rome et connaît, avec les œuvres envoyées d'Italie, ses premiers succès parisiens : *Jeune Pêcheur à la coquille* (Salon de 1858), *Ugolin* (Salon de 1861).
De retour en France, il exécute une partie des décors du Pavillon de Flore au Palais des Tuileries. Nommé professeur de dessin du prince impérial, Carpeaux nous laisse une véritable galerie de portraits de son temps. Les années 1867-1869 voient son apogée. Avec *La Danse*, ronde de bacchantes dénudées à l'entrée du nouvel Opéra, il fait scandale.
La santé chancelante de l'artiste et sa paranoïa grandissante, entretenue par une partie de son entourage, font de ses dernières années un enfer. Les autoportraits peints, exutoires intimes à son malheur, le représentent avec une expression de plus en plus hagarde.
L'effondrement du Second Empire en 1870 lui retire nombre de ses commanditaires. Il meurt en 1875. Paradoxalement, c'est la joie de vivre de son œuvre sculpté qui symbolise aujourd'hui encore le règne de Napoléon III.

1 | **JEAN-BAPTISTE CARPEAUX (1827-1875)** Ugolin
Plâtre patiné, 1862 (?) - Don Louise Clément-Carpeaux, fille de l'artiste, 1938 - Inv. PPS01573

Ugolin, achevé en 1861, couronne la fin des études de Carpeaux à l'Académie de France à Rome. C'est déjà l'œuvre d'un maître. Le sujet est tiré de *La Divine Comédie* de Dante : Ugolin, tyran de Pise, est enchaîné et muré dans la tour de la Faim avec sa progéniture. En le voyant se mordre les mains de désespoir, ses enfants lui proposent, par piété filiale, de les dévorer…
L'œuvre revendique des emprunts aux grands modèles de la sculpture observés en Italie : l'enchevêtrement des corps s'inspire d'un célèbre groupe antique, le *Laocoon* du Belvédère, la musculature et l'expression d'Ugolin rappellent Michel-Ange. La composition savante et tournoyante est la marque de fabrique des groupes de Carpeaux. Il aurait lui-même patiné ce plâtre pour étudier l'aspect définitif de l'œuvre avant la fonte commandée par l'État.

2 | **JEAN-BAPTISTE CARPEAUX** Autoportrait
1874, huile sur toile
Don Louise Clément-Carpeaux, fille de l'artiste, 1938 - Inv. PPP02075

2

1

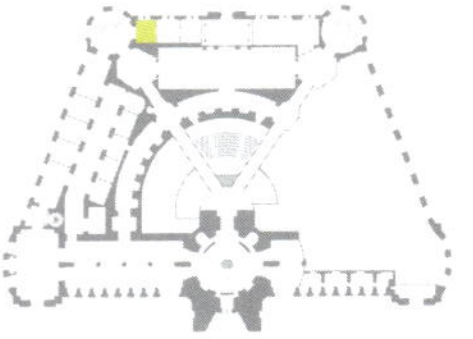

15 L'Odalisque romaine

JEAN-BAPTISTE-CAMILLE COROT (1796-1875) Marietta, dite L'Odalisque romaine

1843, huile sur papier marouflé sur toile - Achat, 1934 - Inv. PDUT01158

Marietta est peinte lors du troisième et dernier séjour de Corot à Rome, en 1843. Le titre d'*Odalisque*, qui désigne cette étude de femme allongée, apparaît dans le catalogue de la vente posthume de l'atelier de Corot, en 1875. Il n'y a pourtant rien de turc chez ce modèle dont le peintre a pris soin de conserver le prénom en haut à gauche de la composition. Toutefois, la torsion du corps qui souligne la courbe du sein et de la hanche rappelle les odalisques d'Ingres. Corot trouve un équilibre harmonieux entre la réminiscence d'un thème classique et la simplicité d'un sujet moderne. Le visage de Marietta est traité avec franchise comme un véritable portrait dont le regard dirigé vers le peintre donne une présence très concrète au modèle.

Corot était fier de ce nu, en particulier pour le juste rendu des valeurs de la peau et du drap, pourtant très proches. L'intérieur italien qui abrite Marietta est traité avec une grande économie de moyens comme un espace purement pictural, sans profondeur, synthétisé en trois bandes horizontales. Ce dépouillement contribue au caractère unique de cette étude qui témoigne de la diversité des procédés picturaux de Corot.

Marietta — à Rome
VENTE
COROT

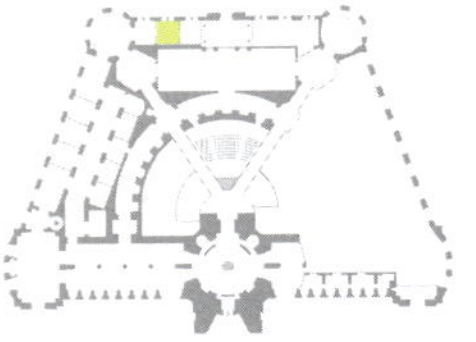

16 Le dernier des dandys

Particulièrement bien représenté dans les collections du Petit Palais, le portrait connaît en France un grand développement au milieu du XIXe siècle. La bourgeoisie qui bénéficie de l'essor économique du pays élargit la clientèle du portrait qui s'infléchit vers plus de simplicité et de vérité. Les artistes du Réalisme, qui s'attachent à la chronique de leur temps, s'adonnent au portrait de genre. Plus qu'une personnalité, il pérennise un type social, un mode de vie. Daumier explore ainsi la vie du petit peuple de Paris dont il révèle toute l'humanité. Courbet, Millet, Ribot manifestent leur connaissance intime du monde rural où plongent leurs racines familiales. Dans les années 1870, la sculpture, à son tour, se libère des règles du portrait académique pour aller vers une traduction plus psychologique et personnelle du modèle. Cette tendance s'accentue à la fin du siècle avec Rodin et Camille Claudel.

ÉDOUARD MANET (1832-1883) Portrait de Théodore Duret

1868, huile sur toile - Don Théodore Duret, 1908 - Inv. PPP00485

Ce portrait est réalisé au retour d'un voyage en Espagne au cours duquel Manet fait la connaissance de Théodore Duret (1838-1929). Ce négociant en cognac, grand voyageur et amateur d'art, est décrit par Manet comme le « dernier des dandys ». Il restera l'ami fidèle du peintre et lui consacrera une biographie publiée en 1926. Directement influencé par l'art de Velázquez, Manet place son modèle dans un espace abstrait. La touche est grasse et directe malgré le petit format du tableau. La nature morte placée dans l'angle à droite éclaire de couleurs franches l'harmonie sombre du tableau.

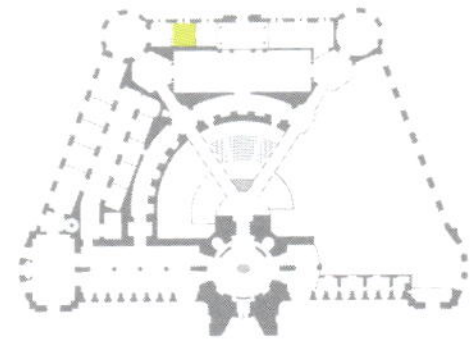

16 Daumier, peintre du peuple

HONORÉ DAUMIER (1808-1879) L'Amateur d'estampes

Vers 1860, huile sur toile - Legs Eugène Jacquette, 1899 - Inv. PPP00039

Nous disposons de peu de repères pour connaître la chronologie et l'évolution stylistique des peintures de Daumier demeurées sa vie durant, à de rares exceptions près, dans l'atelier. Sa production dut s'intensifier lorsque, libéré des contraintes d'une livraison rapide de dessins après son licenciement du journal *Le Charivari* en 1860, il disposa de plus de temps pour se consacrer à la peinture.

Célébré de son vivant par Delacroix et Baudelaire, Daumier ne put cependant vendre ses peintures qu'à un cercle restreint d'amateurs, tel Corot, l'ami attentionné, qui conserva jusqu'à la fin de sa vie cet *Amateur d'estampes*.

Le thème de l'amateur d'estampes, traité à plusieurs reprises, illustre l'émergence, dans la France de Balzac, d'un nouveau type de collectionneur issu de la petite bourgeoisie. La fondation de la Société des aquafortistes, en 1861, correspond à un renouveau d'intérêt pour l'estampe originale, plus accessible que la peinture à des amateurs aux revenus modestes.

Daumier abandonne ici la verve satirique du lithographe pour donner à son personnage une expression plus universelle. La pénombre de la boutique contribue à cette impression de gravité paisible qui rappelle les intérieurs de Chardin. C'est toute la gestuelle du corps qui révèle la passion du connaisseur absorbé dans sa recherche.

Daumier, « peintre du peuple », comme le désigne en 1878 Viollet-le-Duc, « a su discerner dans ce monde dont la vie se passe sous un demi-jour, sinon dans l'obscurité, le côté vivant, pensant, humain — et grand par conséquent, pour nous autres humains. Ce n'est pas humble, ce n'est pas canaille, ce n'est pas vantard ou plat... c'est humain. »

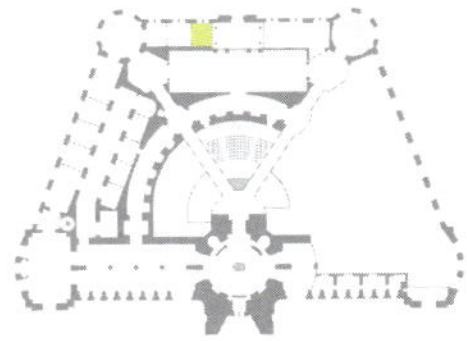

17 | Portraits intimes

1 | **LOUIS-LÉOPOLD BOILLY (1761-1845)** Portrait de mademoiselle Athénaïs d'Albenas

1807, huile sur toile - Achat sur les arrérages du legs Dutuit, 1999 - Inv. PDUT01983

Ce gracieux portrait au style minutieux fixe les traits de la fille de Jean-Joseph d'Albenas, qui s'illustra en Amérique dans la guerre d'Indépendance, avant de s'installer à Toulouse. Avec cette commande, Boilly se fait l'interprète de l'intérêt croissant que l'on porte aux enfants.

Influencé par la mode anglaise du portrait dans un paysage, la composition obéit aux règles du classicisme : le paysage n'est qu'un fond de décor comme en utiliseront les premiers photographes de studio. Avec son joli ciel nuageux, sa succession de plans clairs et sombres, il conduit notre regard de la fabrique sur la colline vers un petit pont et une cascade au premier plan.

Comme une adulte, Athénaïs est vêtue d'une robe claire à taille haute et manches ballons dont seul le raccourci, au-dessus des chevilles, traduit une adaptation au jeune âge. La lumière oblique qui éclaire de haut en bas la silhouette est différente de celle du paysage. Elle correspond en fait à l'éclairage de l'atelier où la fillette a posé.

2 | **VICTOR-LOUIS MOTTEZ (1809-1897)** Portrait de Julie Mottez

1842, huile sur toile - Don Henri Mottez, 1906 - Inv. PPP00440

Mottez est considéré comme l'un des meilleurs élèves d'Ingres. Tourné vers la peinture religieuse par conviction chrétienne et par goût pour la peinture murale, il est néanmoins très sollicité pour ses talents de portraitiste. On retrouve dans le portrait de son épouse, Julie Odevaere (1805-1845), les leçons de son maître : le dessin parfait des mains agrémentées de bijoux, le soin porté au rendu des étoffes, une certaine distorsion dans l'allongement de la silhouette, l'aspect inexpressif du visage à peine marqué d'un léger sourire. Le parti pris d'austère élégance est bien dans le ton de la mode bourgeoise des années 1840.

3 | **BARON JEAN-ANTOINE GROS (1771-1835)**
Portrait de Jacques Amalric
1804, huile sur toile
Achat sur les arrérages du legs Dutuit, 1982 - Inv. PDUT01303

1

2 | 3

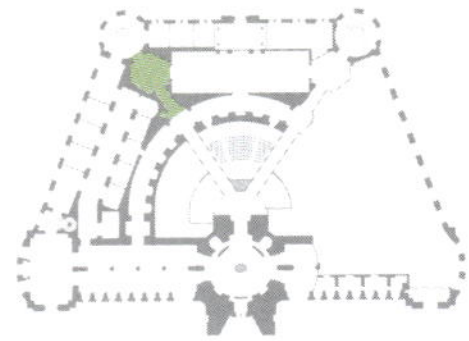

18 | Le Symbolisme

Mouvement artistique et littéraire, le Symbolisme apparaît au milieu du XIXe siècle en Angleterre avec les Préraphaélites, puis s'étend dans le reste de l'Europe. En opposition à la civilisation industrielle et au Naturalisme, il propose une esthétique idéaliste, privilégiant la recherche du « sentiment intérieur » (Moreau), le mysticisme nourri de textes sacrés et de légendes. En France, Puvis de Chavannes (1824-1898) et Gustave Moreau (1826-1898) sont les précurseurs du mouvement que Jean Moréas définit dans un manifeste publié en 1886. Cette même année Gauguin part pour un premier voyage en Martinique qui l'éloigne définitivement de l'Impressionnisme.
On ne saurait trouver un style commun aux artistes qui se rattachent au Symbolisme, mais tous recherchent un jeu de correspondances, « l'équivalent passionné d'une sensation reçue » (Maurice Denis). Les sculpteurs s'intéressent à la polychromie, associant des matériaux précieux, expérimentant de nouvelles techniques (Rosso, Cros, Dalpayrat) qui annoncent les recherches esthétiques de l'Art nouveau (voir Alaphilippe, salle 1).
La présentation des collections symbolistes du Petit Palais privilégie trois axes : les quêtes spirituelles (Moreau, Gallé, Lemaire), la femme dans l'ambivalence du désir et de la mort (Bartholomé, Fantin-Latour, Bigot) et le paysage subjectif (Ménard, Brokman, Le Sidaner, Lévy-Dhurmer). Dans la vitrine Carabin sont présentés différents objets relevant d'un art décoratif symboliste (voir aussi le coffret d'Armand Point, salle 1).

PAUL GRANDHOMME (1851-1944) d'après **GUSTAVE MOREAU (1826-1898)** Europe

1897, émail peint sur cuivre, paillons d'or, rehauts d'or - Achat, 2003 - Inv. PPO03703

L'originalité de Gustave Moreau réside dans son art raffiné et savant. Il mêle les références à la mythologie, à la Bible et aux légendes orientales, et les recompose dans une synthèse très personnelle. Il utilise un langage pictural subtil qui recherche des accords de couleurs rares, souvent lié à un dessin précis qui va jusqu'à l'obsession du détail. Avec Thesmar, Feuillâtre et Armand Point, Grandhomme fait partie des artistes qui réhabilitent, à la fin du XIXe siècle, les techniques de l'émail, oubliées ou décriées depuis le Moyen Âge. Seul ou en association avec Étienne Garnier (1848-1908 ?), il se fait l'interprète presque exclusif des œuvres de Gustave Moreau. Cet art précieux et délicat correspond bien à la subtile poésie du peintre.

EUROPE

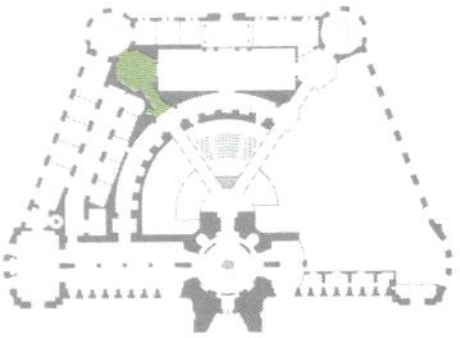

18 | Un chercheur en polychromie

Né à Narbonne dans une famille originale et cultivée, Henry Cros est fils d'un professeur de philosophie et frère de l'inventeur et poète Charles Cros (1842-1888). Peintre, sculpteur, céramiste, Henry Cros mène une existence discrète partagée entre l'art et la recherche. Il débute comme sculpteur de bustes et de médaillons au Salon de 1861, puis expose au Salon des refusés de 1863. Cherchant à concilier le relief et la couleur, l'artiste retrouve les anciens procédés à la cire qui se révèlent malheureusement très fragiles. Il publie, en 1884, avec la collaboration de Charles Henry, *L'Encaustique et les autres procédés de peinture chez les anciens, histoire et technique*. À partir de ses observations sur les collections d'Antiques du Louvre, il met alors au point un procédé plus résistant de moulage en pâte de verre. Il garde jalousement le secret de fabrication de ses bas-reliefs teintés dans la masse dont s'inspirent les maîtres verriers de l'Art nouveau, Dammouse, Decorchemont et Despret. En 1891, la manufacture de Sèvres met à sa disposition un atelier indépendant et encourage ses recherches.

Sa peinture, qui mélange de manière expérimentale l'encaustique ou l'essence aux pigments, contribue au processus global de création, au même titre que ses très nombreux dessins où l'on retrouve toute la diversité de ses sources d'inspiration. Les œuvres en cire évoquent des scènes de la vie médiévale empruntées aux enluminures des anciens Livres d'Heures. La statuaire antique constitue l'autre grand pôle de son inspiration. De là, sans verser dans le pastiche, l'artiste crée un type de beauté idéal et intemporel, souplement modelé dans des teintes adoucies aux contours un peu flous. À partir de 1893, Henry Cros accorde plus d'importance aux sujets allégoriques et symbolistes, en poursuivant inlassablement ses expérimentations sur la polychromie.

1 | **HENRY CROS (1840-1907)**
Le Fil d'Ariane
Vers 1889, huile sur bois - Achat sur les arrérages du legs Dutuit, 2005 - Inv. PDUT02148

2 | **HENRY CROS (1840-1907)**
Buste de Marie Cros
Vers 1895, pâte de verre - Don Jacques Zoubaloff, 1916
Inv. PPO01144

1|2

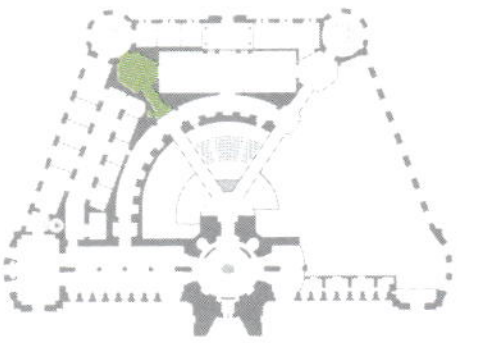

18 | Un artiste du bois

FRANÇOIS-RUPERT CARABIN (1862-1932) Vitrine

1895, bois de noyer, métal, verre et céramique - Commande à l'artiste, 1893 - Inv. OGAL00040

Cette « vitrine pour objets d'art » est exposée en 1895 au Salon de la Société Nationale des Beaux-Arts. Carabin y célèbre les arts appliqués. Deux femmes nues symbolisant le Bois tendre et le Bois dur supportent le pupitre vitré, placé en avant-corps. Sur les deux panneaux latéraux sont sculptés, d'un côté la Céramique au-dessus d'une niche où dort l'Argile, de l'autre le Métal encore enfoui dans les profondeurs de la terre et la Flamme dont la chevelure soulevée forme « un panache incendiaire ». Au dos figure une allégorie de la Pierre tenant dans ses mains un marteau et un ciseau. Carabin s'est lui-même représenté sous la forme d'un masque grimaçant en train d'épier, comme dans *Suzanne et les vieillards*, les beautés modernes situées à l'avant du meuble. Cette vitrine résume toutes les conceptions de Carabin en matière d'ébénisterie. Elle est en noyer massif, bois très apprécié par Carabin pour ses qualités de densité, de résistance et de finesse de grain. Partisan d'un retour à l'artisanat d'art, il vante l'utilisation des bois « indigènes » qu'il préfère aux bois exotiques, fustige « l'abominable camelote contemporaine qui s'appelle le plaqué » et critique les artistes de l'Art nouveau qui « donnent de la matière à une forme et non une forme à la matière ». Le thème de la femme cariatide, emblématique des fantasmes et des hantises de l'époque 1900 parcourt et résume l'œuvre de Carabin. De manière quasi obsessionnelle, il choisit comme modèle unique une femme au haut chignon qu'il n'hésite pas à étirer, ployer ou courber pour mieux l'adapter à sa fonction décorative et structurelle.
Dans cette vitrine sont présentés des objets de matériaux variés (pierres dures, émaux, pâtes de verre...) répondant aux postulats d'un art décoratif symboliste ou idéiste. Beaucoup d'entre eux proviennent de l'ancien musée des Arts décoratifs de la Ville de Paris, abrité au musée Galliera.

FRANÇOIS-RUPERT CARABIN (1862-1932)
Autoportrait (détail du masque placé sous le pupitre avant)
Céramique

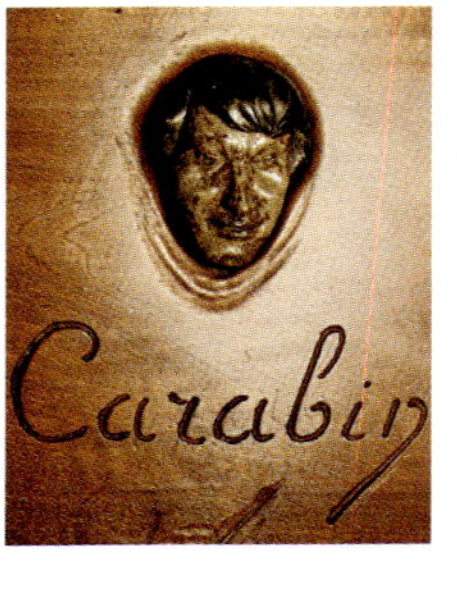

R Carabin

18 L'art du pastel

Technique très prisée au XVIIIe siècle, alors appliquée au portrait, puis délaissée à l'époque néo-classique, le pastel connaît à nouveau une grande faveur dans la deuxième moitié du XIXe siècle. À la suite de Delacroix, plusieurs paysagistes, tels Huet ou Boudin, ont pris l'habitude de faire des études de plein air au pastel, sortant ainsi la technique de son affectation initiale au portrait. Les Réalistes à leur suite la redécouvrent avec bonheur (Millet, Lhermitte). Une société des pastellistes est aussi créée en 1885 - née de la scission de l'ancienne société des pastellistes et aquarellistes. Elle associe certains représentants des mouvements d'avant-garde (Degas, Toulouse-Lautrec) à des artistes plus traditionnels, symbolistes ou académiques (Albert Besnard qui est le premier président de la société, Henri Gervex qui lui succède). Technique d'exécution rapide et propre à la virtuosité, le pastel devient alors une technique prisée de tous et pratiquée dans tous les cercles.

Le Petit Palais conserve une importante collection de près de deux cents pastels illustrant cette diversité : l'Impressionnisme (Morisot, Cassatt, Gauguin, Renoir, Degas, Guillaumin...) et le Symbolisme (Redon, Osbert, Ménard, Roussel, Léandre, Lévy-Dhurmer...) y sont particulièrement bien représentés.

ODILON REDON (1840-1916) La Naissance de Vénus

Vers 1912, pastel sur papier - Don Jacques Zoubaloff, 1916 - Inv. PPD01220

Associé, non sans réticences, au Symbolisme, Odilon Redon a commencé sa carrière comme auteur d'œuvres monochromes, fusains ou lithographies, qu'il avait baptisées ses « noirs ». La couleur ne réapparaît dans son œuvre que vers 1894, notamment avec la pratique du pastel - médium proche du fusain par son aspect pulvérulent et velouté, ainsi que par sa grande fragilité - qui lui autorise cette nouvelle et violente intensité chromatique. S'il arrive alors à l'artiste de retravailler en couleur d'anciens « noirs » (*Le Vieil Ange*), il se consacre aussi à des sujets nouveaux pour lui, telle la naissance de Vénus, les papillons ou les bouquets de fleurs, où les irisations des ciels et de l'eau, de la nacre, des ailes diaprées et des pétales soyeux s'accordent si bien à la matière même du pastel.

Plus précisément, cette *Naissance de Vénus* est datée vers 1912, époque à laquelle Redon fait poser nu dans son atelier un modèle, Alphonsine Zabé, recommandé par Maurice Denis.

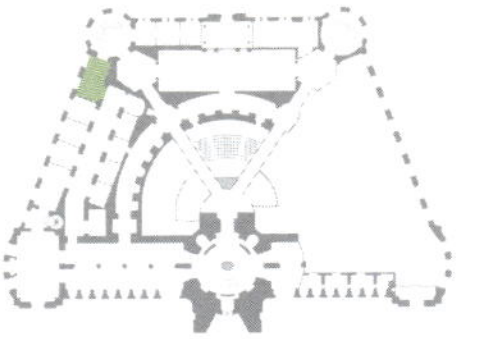

19 | Un créateur singulier

Carriès (1855-1894) est l'archétype de l'artiste indépendant, en partie autodidacte, curieux de matières et de techniques, dont l'œuvre connaîtra un vrai succès auprès de collectionneurs privés. Il modèle d'abord des portraits de commande et, par série, des bustes mi-réalistes, mi-fantaisistes. Il en travaille surtout l'aspect de surface, expérimentant mille recettes de patine pour trouver des tons étranges et chatoyants, en collaboration - pour les bronzes - avec le fondeur Pierre Bingen dès 1883.
En 1888, Carriès s'installe en Puisaye, dans la Nièvre, pour y travailler le grès. Il réalise d'abord des pots de formes simples, et reprend en grès ses œuvres en plâtre. En 1890, Winaretta Singer, riche artiste américaine, lui passe commande d'une *Porte monumentale* (de fait, un encadrement de porte en grès émaillé) sur un projet d'Eugène Grasset. Carriès réalise une maquette envahie de créatures inquiétantes. Mais il peine à contrôler le processus artisanal de fabrication de l'œuvre. À trente-neuf ans, épuisé par le travail, le sculpteur meurt de tuberculose. Son ami Georges Hoentschel recueille son fonds d'atelier, qu'il donne dix ans plus tard à la Ville de Paris.

1 | **JEAN CARRIÈS (1855-1894)** Mon portrait
Vers 1887-1888, cire - Don Georges Hoentschel, 1904 - Inv. PPS00387

Vers trente-deux ans, Jean Carriès réalise cet autoportrait en cire, l'un de ses matériaux de prédilection - peu de sculpteurs de son temps osent l'employer à une telle échelle. Elle est teintée, partiellement estampée dans un moule, partiellement modelée, fixée sur un noyau en plâtre et filasse ou recouvrant un socle en bois chantourné.
L'œuvre a un aspect très réaliste : Carriès a fait faire successivement des moulages de mains (peut-être les siennes), de son torse « avec une blouse et les bras », qu'il réutilise sans aucun doute ici. Mais c'est aussi un autoportrait rêvé. L'artiste s'est entouré de ce qui avait un sens pour lui : un masque mortuaire, dit *La Mère de Carriès*, un personnage de fantaisie rappelant les bustes imaginaires qu'il crée, et deux animaux étranges préfigurant ceux de la *Porte monumentale*.

2 | **JEAN CARRIÈS (1855-1894)** Vase, grand cornet à embase de grotesque
Grès émaillé, 1889-1894
Don Georges Hoentschel, 1904 - Inv. PPS000414

1

2

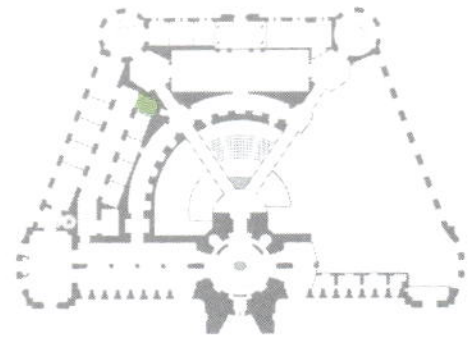

20 | La salle à manger Guimard

Architecte et décorateur, Hector Guimard (1867-1942) est un des principaux représentants de l'Art nouveau en France. De 1883 à 1885, il étudie à l'École des Arts décoratifs de Paris, s'intéresse à l'architecture et subit l'influence des théories fonctionnelles et rationalistes de Viollet-le-Duc. En 1885, il est admis à l'École des beaux-arts mais échoue à l'examen final. En 1895, il effectue un voyage en Belgique et rencontre l'architecte Victor Horta dont les préoccupations esthétiques (conception d'une « œuvre d'art totale », valeur expressive de la ligne...) sont voisines des siennes.

À Paris, Guimard construit essentiellement des immeubles et des hôtels particuliers, mais le « style Guimard » s'épanouit aussi dans les entrées du métro dont il reçoit la commande en 1900. Les formes de ces édicules, en fonte moulée, fer et verre, sont d'inspiration végétale, discrètement rappelée par leur couleur verte et leurs lignes sinueuses.

1 | **HECTOR GUIMARD (1867-1942)** Salle à manger du premier étage de l'Hôtel Guimard
Photographie de Stan Ries - Inv. PPPH00079

En mai 1909, peu de temps après son mariage avec l'artiste peintre d'origine américaine Adeline Oppenheim, Hector Guimard achète un terrain au 122, avenue Mozart et y fait construire un hôtel particulier. Au rez-de-chaussée, le bâtiment abrite l'agence de l'architecte, précédée d'une galerie de réception. Le premier étage comprend une salle à manger et un salon de forme elliptique. Guimard conçoit lui-même toute la décoration intérieure : lambris, corniches, meubles, serrurerie, lustres et tissus d'ameublement. Les meubles et les boiseries sont exécutés en bois de poirier dont le grain tendre et lumineux se prête particulièrement à la traduction des lignes souples et élégantes du graphisme de Guimard. Après restauration, la salle à manger a été remontée dans sa disposition d'origine. Les boiseries, qui épousaient la forme ovale de la pièce, incluent une desserte et un argentier où sont présentées des céramiques de Dalpayrat (dépôt du fonds Dalpayrat, 2005) et des pièces de vaisselle en argent massif de Henri Husson. Les chaises disposées autour de la table comportent une garniture en cuir repoussé. Elles sont ornées du chiffre « OG » (Oppenheim/Guimard) composé en caractère Guimard.

2 | **PAUL PHILIPPON (actif entre 1893 et 1919)**
Vase, vers 1909
Bronze doré et ciselé d'après un modèle de Guimard
Acquis en 1993 sur les arrérages du legs Dutuit - Inv. ODUT01783

3 | **HECTOR GUIMARD (1867-1942)**
Chaise, vers 1909
Bois de poirier et cuir
Don Mme Guimard, 1948 - Inv. PPO03499

1

2

3

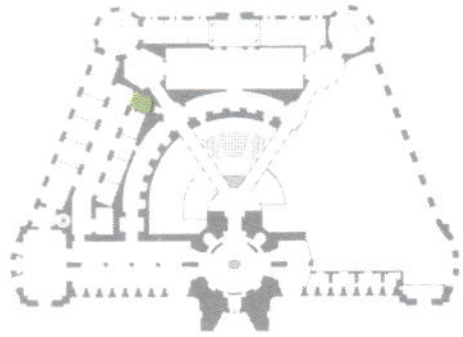

20 | Les bijoux de Fouquet

Georges Fouquet succède en 1895 à son père Alphonse Fouquet qui avait créé en 1860 une maison de bijouterie et joaillerie. Sous l'impulsion de collaborateurs animés d'idées nouvelles, comme Alphonse Mucha et Charles Desrosiers, Fouquet transforme complètement l'art du bijou. Il commande à Mucha (1860-1939), peintre décorateur d'origine tchèque, connu principalement aujourd'hui pour ses élégantes affiches aux lignes sinueuses, quelques pièces exceptionnelles, comme le bracelet destiné à Sarah Bernhardt, et lui confie la décoration de son nouveau magasin, installé en 1900 au 6, rue Royale (remonté au musée Carnavalet). Desrosiers, un ancien élève de Grasset, dessine pour lui des bijoux d'un usage plus courant.
Les bijoux de Fouquet s'imposent par leur caractère décoratif et par leur clarté d'exécution. Fouquet entoure fréquemment le contour de ses pièces d'une ligne de brillants de manière à mieux isoler le motif principal. À la suite de René Lalique, il se soucie peu d'utiliser les pierres précieuses et préfère se servir de matériaux variés : verre, ivoire, corne, émaux translucides, opales, perles baroques… choisis pour leurs qualités de formes et de couleurs. Il trouve l'essentiel de son inspiration dans la flore et la faune qui lui fournissent de nombreux motifs décoratifs.

1 | **GEORGES FOUQUET (1862-1957)** Pendant Cascade

Vers 1900 - Monture d'après un modèle de Mucha, décor d'après Desrosiers - Or, émaux à jour sur paillons, opales, diamants et perle baroque - Achat, 1937 - Inv. PPO03570

La cascade réalisée en émaux sur paillons (plaque de métal noyé dans l'épaisseur de l'émail, pour en accroître l'éclat et la luminosité) est constellée de diamants qui matérialisent avec bonheur des gouttes d'eau. Tout autour se déploie un magnifique paysage de rochers exécutés à l'aide d'opales dont l'assemblage irrégulier évoque un pavement de mosaïque.

2 | **GEORGES FOUQUET (1862-1957)** Peigne Byzantin

Vers 1905 - D'après un modèle de Mucha - Écaille, émaux à jour cloisonnés d'or et opales - Achat, 1937 - Inv. PPO03583

Fouquet fait ici un large emploi de la technique de l'émail à jour qui consiste à insérer des émaux colorés entre des cloisons de métal sans les faire reposer sur un fond. Les qualités de transparence de l'émail sont ainsi particulièrement mises en valeur.

3 | **GEORGES FOUQUET (1862-1957)** Pendentif Sycomore

Entre 1905 et 1910, émail à jour cloisonné d'or, diamants, deux péridots et une perle baroque
Achat, 1937 - Inv. PPO03575

2

3

1

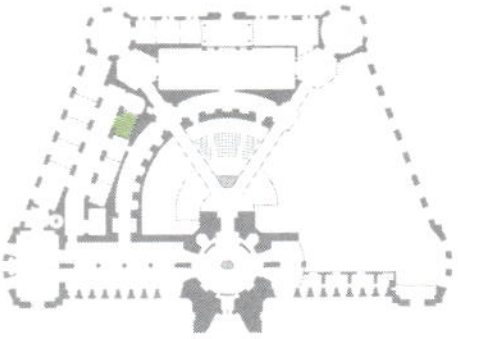

21 La bibliothèque du docteur Vaquez

Dans les années 1890, les Nabis, groupe de jeunes artistes formés à l'académie Julian, s'inspirent de Gauguin pour créer un art neuf, en rupture avec le Réalisme. Ils veulent « décorer de pensées, de rêves et d'idées les murales banalités des édifices humains », mettre l'art au service de tous et introduire le beau dans l'utile. Ils s'appellent Pierre Bonnard, Maurice Denis, Ker-Xavier Roussel, Paul Sérusier, Félix Vallotton et Édouard Vuillard. Bien après la dissolution du groupe vers 1900, ces artistes continuent de peindre des décors muraux pour des appartements privés ou des lieux publics. Ainsi, en 1925, Maurice Denis pose sur la coupole de l'escalier sud-est du Petit Palais une toile marouflée intitulée ***L'Histoire des arts en France.***

ÉDOUARD VUILLARD (1868-1940) Le Choix des livres ; Le Travail ; La Musique ; L'Intimité

Quatre panneaux réalisés pour l'appartement du docteur Vaquez - 1896, peinture à la colle sur toile - Don de Mme Vaquez, 1936
Inv. PPP02439, 02440, 02441 et 02442

Ces quatre panneaux ornaient une petite pièce, probablement la bibliothèque de l'appartement parisien d'un cardiologue, médecin des Daudet puis de Marcel Proust, le docteur Henri Vaquez (1860-1936), amateur passionné d'art moderne.

Vuillard a conçu, pour un petit espace intime, un jeu subtil entre les peintures et le papier peint qui les prolongeaient. Des silhouettes sans identité précise sont autant de doubles imaginaires des occupants des lieux. Elles se fondent dans la masse bigarrée des étoffes et des papiers peints, qui évoquent les tapisseries aux « millefleurs » de la fin du Moyen Âge.

L'artiste dépeint un univers clos par le quadrillage du plafond et la bordure du tapis, et assourdi par la gamme de pigments restreinte dominée par le violet, le brun et le vert. La matité, voulue pour accentuer la simplicité de l'intérieur et éviter toute impression de profondeur, est obtenue par la technique de la peinture à la colle.

Exemplaires de la réflexion de l'artiste sur les rapports entre peinture et arts décoratifs, ces panneaux, où les sujets se dissolvent dans le jeu des taches de couleurs, préfigurent les révolutions picturales du début du XXe siècle, qu'il s'agisse de la naissance de l'Abstraction ou des peintures décoratives de Matisse.

Le Choix des liv-es

Le Travail

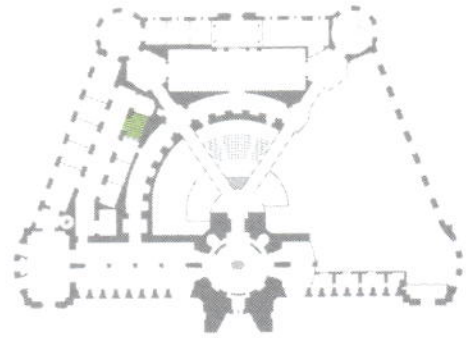

21 Japonisme et arts du décor

Au cours de la seconde moitié du XIXe siècle, à la faveur des échanges commerciaux et des Expositions universelles, le goût de la « chinoiserie » et de la « japonaiserie », comme l'écrivent les Goncourt, se répand dans toutes les couches de la société.
Dans le domaine des arts décoratifs, l'influence de la Chine et du Japon entraîne un profond renouvellement des formes, des décors et des matériaux. Les céladons chinois inspirent à Bracquemond le dessin d'un somptueux service de porcelaine, avec décor gravé sous couverte, le service *Animaux*. Les céramiques japonaises influencent fortement Carriès et Hoentschel qui privilégient le travail du grès dont ils mettent en valeur la texture et la matière. Gallé, par exemple, décore de motifs de couleur bleus, rouges et or, empruntés à la porcelaine Imari, une jardinière de forme rocaille, et reproduit sur un vase quadrangulaire en verre émaillé une mante religieuse et des chrysanthèmes d'inspiration japonaise.

1 | **FÉLIX BRACQUEMOND (1833-1914)** Compotier. Service Rousseau
Modèle créé en 1866, édité de 1866 à 1875, faïence - Achat sur les arrérages du legs Dutuit, 2002 - Inv. PPO03727

Le service *Rousseau*, qui comprend plus de deux cents pièces, est né de la collaboration entre le graveur Félix Bracquemond et le marchand éditeur Eugène Rousseau. Fabriqué à partir de 1866 par la manufacture de Creil et Montereau, il a été constamment réédité jusqu'au milieu du XXe siècle. Bracquemond a gravé à l'eau-forte un grand nombre de motifs de plantes, d'oiseaux et d'animaux, regroupés en vingt-huit planches, qui ont été découpés et transférés sur la faïence.
Les éléments du décor se répartissent le plus souvent selon un rythme ternaire : un sujet principal étant associé à deux sujets secondaires, de taille plus petite. Le dessin, au trait simplifié et aux couleurs franches, laisse une large place au blanc de la surface. Les formes sont plus traditionnelles et s'inspirent de modèles rococo, imités de la porcelaine du XVIIIe siècle. Les bords présentent une ornementation moulée et un décor de peigné bleu.
Dans son compte rendu de l'Exposition internationale de Londres en 1871, Mallarmé rend hommage à « cet admirable et unique service, décoré par Bracquemond de motifs japonais empruntés à la basse-cour et aux réservoirs de la pêche, la plus belle vaisselle récente qu'il me soit donné de connaître ».

2 | **FÉLIX BRACQUEMOND (1833-1914)**
Coq, raie, plantes et faisan. Planche n° 9 pour le service Rousseau
1866, eau-forte et pointe sèche sur papier Japon
Achat sur les arrérages du legs Dutuit, 2003 - Inv. GDUT11021

1

2

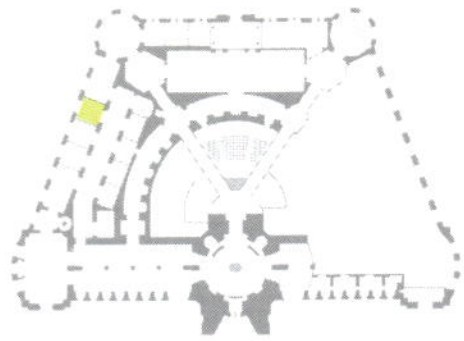

22 | Un passé réinventé

La pensée du XIXe siècle est marquée par l'éveil d'une conscience historique nationale. La France se passionne pour les bouleversements récents de la Révolution et de l'Empire, périodes sur lesquelles prennent appui la réflexion et l'engagement politiques. Dans un souci d'éducation populaire, la IIIe République, établie après 1870, encourage le culte des grands hommes. L'étude des origines de l'humanité connaît, elle aussi, un développement significatif qui se répercute dans les arts. Ainsi le peintre Cormon met en scène les activités des premiers hommes sur les murs de l'amphithéâtre du Museum d'histoire naturelle.
En élargissant leur répertoire rétrospectif à de nouvelles périodes de l'histoire, les artistes font preuve, comme au théâtre et bientôt au cinéma, d'une grande inventivité en jouant sur les ressorts dramatiques des événements du passé. Un soin particulier est porté aux physionomies, aux costumes et aux décors pour rendre les scènes le plus crédible possible. Plus encore, ils empruntent à toute une gamme de styles pris, selon les besoins, dans le passé proche ou lointain. Cet éclectisme trahit une certaine tension entre l'attachement identitaire que le siècle du positivisme porte à l'histoire et la difficulté de s'affranchir des modèles du passé.

1 | **JAMES TISSOT (1836-1902)** Le Départ de l'enfant prodigue (ill. pages suivantes)
1863, huile sur toile - Achat sur les arrérages du legs Dutuit, 1985 - Inv. PDUT01453

Peintre de la vie moderne et des femmes élégantes, Tissot partage sa vie entre Paris et Londres. Ses séduisantes peintures historicistes utilisent les codes de la peinture de genre. Allant se ressourcer à Venise en 1862, il écrit à son ami Degas qu'il se consacre au thème du fils prodigue. Cette parabole de l'Évangile selon saint Luc lui inspire deux grandes compositions néogothiques de styles très différents. *Le Départ*, au coloris franc et lumineux, se réfère directement à la Venise peinte par Carpaccio en 1490. L'œuvre séduit par l'exubérance des costumes et la beauté des décors, qui laissent au second plan le message biblique de la scène.

2 | **FERNAND-ANNE PIESTRE,** dit **CORMON (1845-1924)** La Chasse
Étude pour l'amphithéâtre de paléontologie du Muséum d'histoire naturelle de Paris - 1897, huile sur toile
Achat sur les arrérages du legs Dutuit, 1984 - Inv. PDUT01393

3 | **FERNAND-ANNE PIESTRE,** dit **CORMON (1845-1924)** Les Mangeurs de crabes
Étude pour l'amphithéâtre de paléontologie du Muséum d'histoire naturelle de Paris - 1897, huile sur toile
Achat sur les arrérages du legs Dutuit, 1984 - Inv. PDUT01390

2

3

1 | Le Départ de l'enfant prodigue

J. James Tissot 1863

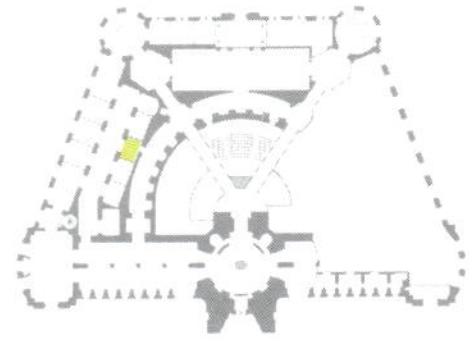

23 L'esprit romantique

Cette salle réunit quelques grands noms du Romantisme français. L'art romantique privilégie l'individu et ses émotions. Souvent dotés d'une solide formation classique, les artistes romantiques puisent à de nouvelles sources d'inspiration.

Ami intime de Victor Hugo dont il est l'illustrateur attitré, Louis Boulanger emprunte au théâtre de Shakespeare ses héros au destin tragique. Les voyages, dont la destination ne se limite plus à l'Italie, aiguisent les sensibilités. Géricault préfère l'Angleterre à l'Italie où il ne séjourne que brièvement, plus ému par la vie des rues que par les vestiges antiques. À la suite de Delacroix, c'est en Afrique du Nord que Chassériau trouve la tonalité orientale de ses compositions religieuses ornant les églises de Paris.

L'art chrétien, encouragé par la Restauration, bénéficie de ce renouveau, et les sujets religieux reviennent en nombre au Salon. Granet, qui se passionne pour l'architecture romane, connaît le succès avec de délicates aquarelles d'intérieurs d'églises et de couvents.

Par son approche subjective de la nature vécue comme une expérience individuelle, le Romantisme contribue à l'avènement du paysage moderne.

L'esprit romantique se prolonge tard dans le siècle avec des artistes singuliers comme Gustave Doré (salle 6).

EUGÈNE DELACROIX (1798-1863) Combat du Giaour et du Pacha

1835, huile sur toile - Achat sur les arrérages du legs Dutuit, 1963 - Inv. PDUT01162

Figure tutélaire du Romantisme, Delacroix s'initie à l'Orient en lisant Byron dont les poèmes enflamment son imagination. Il en découvre les réalités lors d'un voyage au Maroc, en 1832. Sa manière de peindre est profondément marquée par cette expérience riche en sensations nouvelles.

Ce tableau s'inspire d'une œuvre du poète britannique qui relate les amours contrariés d'un Vénitien, le Giaour, et d'une esclave appartenant au sérail du Pacha. Delacroix nous montre l'ultime combat des deux rivaux dans un corps à corps d'une grande violence. La beauté des costumes et l'intensité des couleurs font écho à ses souvenirs encore proches de la fantasia marocaine.

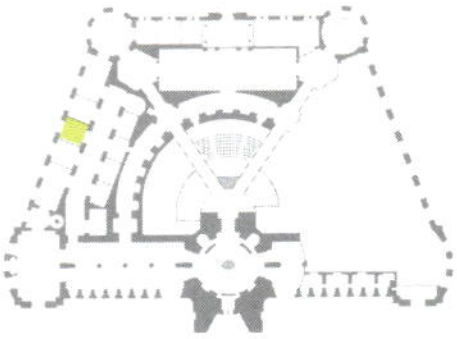

24 | L'art troubadour

Après une longue période d'oubli, l'art du Moyen Âge est redécouvert dans la seconde moitié du XVIIIe siècle. À Paris, la création du musée des Monuments français, installé pendant la Révolution dans le cadre évocateur du couvent médiéval des Petits-Augustins, rassemble des œuvres provenant des églises et des demeures aristocratiques dévastées. Ce musée offre aux artistes, de manière évocatrice, un répertoire formel différent de celui de l'antiquité gréco-romaine qui servait jusque-là de référence absolue.

L'art dit troubadour, qui s'épanouit pleinement entre 1802 et 1824, est le signe de cet engouement. Les œuvres évoquent l'histoire de France jusqu'au règne d'Henri IV (Ingres). Elles mettent en scène, sous un angle anecdotique et sentimental, de grands personnages, rois de France (Granet) ou chevaliers en armure tels ceux qui traversent le paysage italien de Chauvin. Héros de romans de chevalerie, pages et ménestrels (Sermezy) remplacent alors les divinités de l'Olympe. On trouve également évoquée avec la même fantaisie raffinée la vie des grands artistes du passé comme Raphaël, Léonard de Vinci (Ingres) ou Van Dyck (Ducis, Roqueplan).

Ce courant s'exprime aussi dans les arts décoratifs où le style dit « à la cathédrale » orne de motifs gothiques le mobilier, l'orfèvrerie, les reliures et les pendules. Licornes et arcatures trilobées se retrouvent sur le dossier des chaises du cabinet gothique de la comtesse d'Osmond.

1 | **JEAN-AUGUSTE-DOMINIQUE INGRES (1780-1867)** François 1er reçoit les derniers soupirs de Léonard de Vinci

Rome, 1818, huile sur toile - Achat sur les arrérages du legs Dutuit, 1968 - Inv. PDUT01165

Ingres associe dans une même œuvre l'émotion sublime inspirée par l'épisode fictif de la mort du peintre dans les bras du roi de France et l'aspect plus anecdotique des personnages secondaires qui restituent le pittoresque d'une époque. Le style d'Ingres, auquel Baudelaire trouvait un charme « bizarre », est fait de minutieuses références à l'art ancien mais aussi de savoureux jeux chromatiques qui lui donnent son étrange beauté.

2 | **JACOB-DESMALTER (1770-1841)** Chaises du cabinet gothique de la comtesse d'Osmond

Vers 1820 - Achat, 1990 - Inv. PPO03509 et 03510

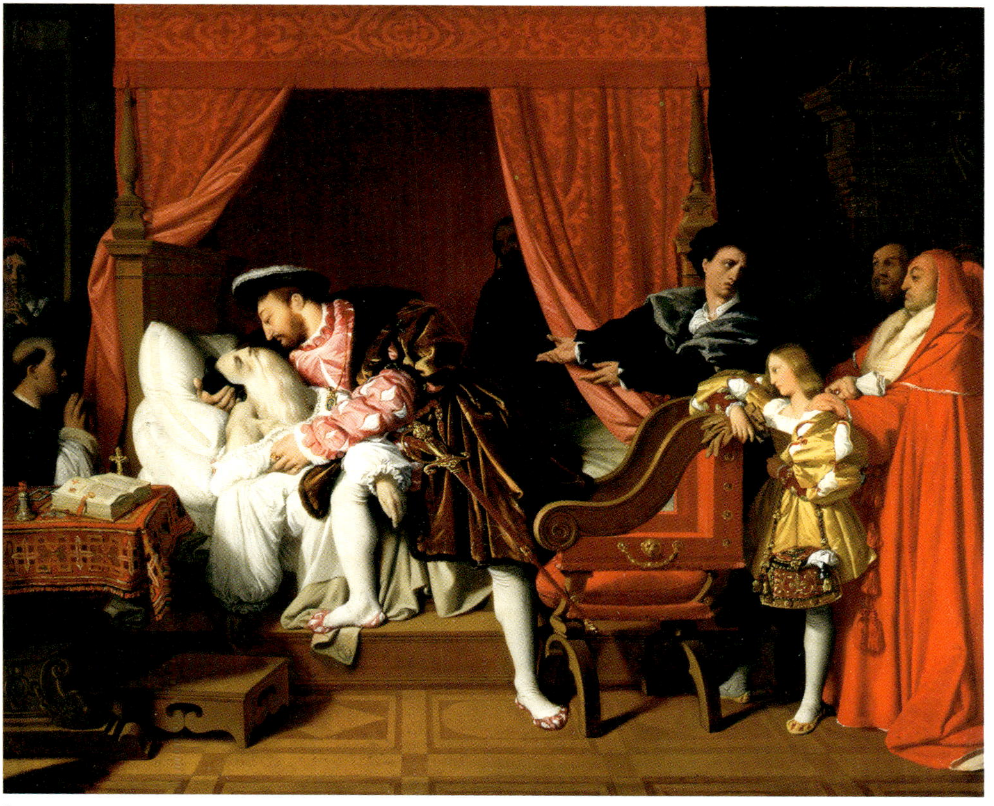

1

2

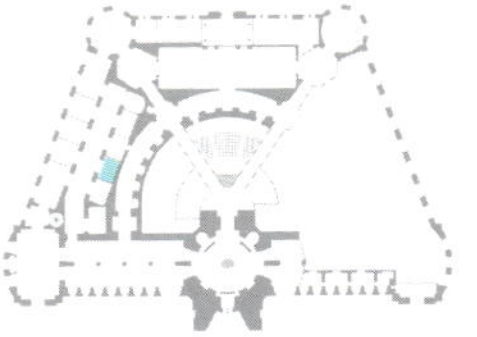

25 La peinture de genre en Hollande

La notion de peinture de genre concerne une catégorie picturale montrant des scènes de la vie quotidienne prises sur le vif. En réponse au réalisme néerlandais et aux goûts d'une clientèle essentiellement bourgeoise, elle trouve dans la Hollande du XVIIe siècle un développement privilégié. Steen en est un des principaux maîtres. Son œuvre, considérable et très diverse, témoigne d'influences fort différentes, en particulier celles des maîtres qu'on lui prête, son beau-père Jan van Goyen (1596-1656) et Adriaen van Ostade (1610-1685), ainsi que celles de ses amis, dont Frans van Mieris le Vieux (1635-1681). Conformément à la pratique de cette époque, ses scènes aux aspects hautement pittoresques et souvent comiques ont toujours un caractère moralisant.

JAN STEEN (1626-1679) Enfant quêteur

Vers 1663-1665, huile sur bois - Signé en bas à droite J. Steen - Legs Dutuit, 1902 - Inv. PDUT00930

Le sujet de cette œuvre n'a été identifié de manière satisfaisante que récemment, comme une procession organisée à l'occasion de la Pentecôte. La plante en pot, une *cardamine pratensis*, dont le jeune enfant assis sur la balustrade offre une fleur à celui qui quête, est la clé de cette peinture. Cette plante commune, poussant dans les champs, et dont la représentation en plante d'ornement est totalement invraisemblable, porte en effet en hollandais le nom de *pinksterbloem*. Or ce même nom, qui peut se traduire par « fleur de mai », est attribué à la fillette placée à la tête des cortèges organisés par les catholiques lors de cette fête.

Les hésitations sur le titre à donner à cette œuvre viennent de ce que Steen a fait une représentation parodique de la procession traditionnelle. La petite fille habillée en mariée et couronnée de fleurs, qui ce jour-là parcourait les rues en quêtant, est remplacée par un jeune garçon coiffé d'un bonnet sur lequel est accrochée une fleur en papier.

Toute la virtuosité de Steen se retrouve sur ce panneau : rendu de la texture particulière des différents matériaux, raffinement des coloris vifs, riches et intenses, composition organisée suivant un réseau complexe de lignes géométriques.

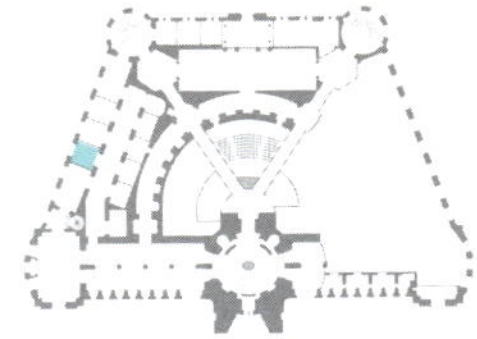

26 Le portrait en Hollande

L'art du portrait connaît un important essor dans toute l'Europe au XVIIe siècle. Il incarne les rapports de l'individu avec l'État. Dans les monarchies, France, Angleterre et Espagne, il est essentiellement un portrait de cour. En Hollande où il connaît sa période la plus riche, individuel ou collectif, il est l'expression de la place de la bourgeoisie dans l'organisation de la société et est dominé par les noms de Frans Hals (1581/1585-1666) et de Rembrandt. Les portraits de ce dernier restent uniques par l'intensité et la profondeur du rendu de la vie intérieure du modèle. Dès son installation à Amsterdam en 1631, il devient le plus remarquable portraitiste de cette ville et le reste jusqu'à sa mort.

REMBRANDT HARMENSZ. VAN RIJN (1606-1669)
Portrait de l'artiste en costume oriental
Vers 1631-1633, huile sur bois - Signé en bas à droite Rembrandt f. 1631 (inscription postérieure et peut-être apocryphe) - Legs Dutuit, 1902
Inv. PDUT00925

En raison de son caractère insolite, l'authenticité de cette œuvre qui est le seul de ses nombreux autoportraits où Rembrandt se soit représenté en pied, a été longtemps discutée. Des radiographies du panneau ont révélé que Rembrandt, mécontent de la position de ses jambes, les aurait raccourcies puis, ultérieurement, masquées totalement avec un chien. Il a aussi modifié sa chevelure.
Rembrandt aurait choisi un chien de chasse afin d'accentuer le caractère princier du personnage. Le barbet était utilisé pour la chasse aux oiseaux d'eau en raison de son pelage fourni qui le protégeait du froid. La partie postérieure de son corps était tondue pour l'empêcher de se noyer. On peut aussi s'amuser à retrouver une similitude entre la tête de l'animal et l'abondante chevelure frisée dont Rembrandt s'est doté, avec une certaine complaisance, dans tous ses premiers autoportraits. Il existe aussi une nuance ironique dans le contraste entre le chien, humble et triste, et la pose théâtrale du personnage enturbanné et chamarré.
L'opposition est saisissante entre l'espace à peine défini dans lequel se tient l'artiste et le rendu précis de son costume aux tons bruns violacés d'un grand raffinement et aussi entre l'aspect satiné de la tunique et l'aspect pelucheux de l'animal.

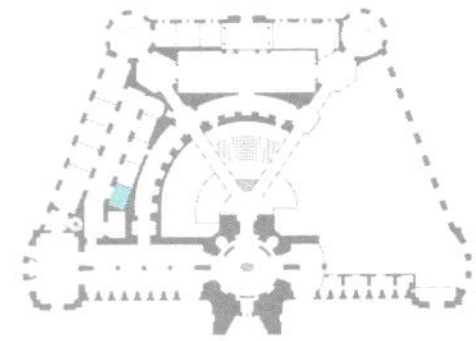

27 | Le paysage classique

Au XVIIe siècle, le paysage, qui a pris son autonomie au siècle précédent, atteint dans toutes les écoles son plein épanouissement. Il est représenté principalement par deux grands mouvements, le paysage classique italo-français et le naturalisme hollandais.
Le premier, dont Claude Gellée (surnommé de son vivant le Lorrain en raison de ses origines) est le représentant par excellence, se caractérise par une volonté de donner au paysage une forme poétique, accordée aux scènes idylliques – le plus souvent empruntées à l'Antiquité – auxquelles il sert de cadre. Ainsi, la nature est reconstruite et ennoblie d'édifices antiques.
Arrivé, entre 1612 et 1620, à Rome où il se forme à la peinture et passe presque toute son existence, Gellée contribue à faire de cette ville le centre de ce type de paysage. Célèbre dès 1630, il connaît le succès et la fortune et reçoit de nombreuses commandes de grands dignitaires romains et étrangers.

CLAUDE GELLÉE dit CLAUDE LORRAIN (1600-1682)

Paysage avec le port de Santa Marinella

Vers 1637/1638, huile sur cuivre de forme octogonale – Legs Dutuit, 1902 – Inv. PDUT00872

Ce tableau appartient à une paire commandée à Gellée par Urbain VIII (pape de 1623 à 1644). L'un représente une *Vue de Castel Gandolfo*, palais sur les rives du lac d'Albano (Cambridge, Fitzwilliam Museum). Son pendant, entré au Petit Palais avec la collection Dutuit, montre le petit port de Santa Marinella près de Civitavecchia, sur la côte romaine, qu'Urbain VIII décide de transformer en un large port. L'entreprise ne dépasse pas les premières fondations.
Bien que Gellée se soit rendu à Santa Marinella pour y exécuter des dessins, il ne s'agit nullement d'une vue topographique, mais de l'évocation d'un site dans un environnement de fantaisie et, curieusement, la part du paysage, objet du tableau, est minimisée. Suivant un schéma traditionnellement adopté par Gellée, la scène est encadrée par deux bouquets d'arbres symétriques. Et, comme généralement dans ses œuvres de petit format, les personnages du premier plan occupent une place importante et se détachent, sans la présence de plans intermédiaires, sur des lointains peu différenciés.
Le véritable sujet est la lumière. L'intense éclat orangé du ciel illumine le fond du paysage, se reflète dans l'eau et unifie l'espace. La beauté de la surface picturale dans sa matérialité, la densité de la touche jusque dans ses moindres détails, la richesse des pigments contribuent à exprimer la nature dans sa vérité à la fois concrète et symbolique.

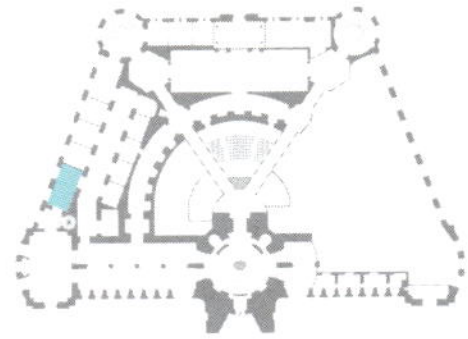

28 Le paysage en Hollande

Explicable par des causes sociologiques, religieuses et scientifiques, le paysage hollandais du XVIIe siècle, qui peut être qualifié de naturaliste, représente une véritable révolution dans ce genre. Les Néerlandais jettent un regard neuf sur la nature, sans mépriser ses aspects les plus humbles, et la figure humaine, absente ou saisie dans sa vie quotidienne, se fond totalement dans le paysage.

Hobbema est, avec son maître Jacob van Ruisdael (1628/1629-1682), un des principaux acteurs de ce mouvement pictural qui se consacre à la représentation de la campagne hollandaise. Sa période de maturité s'étend de 1664 à 1668. À partir de 1668 et jusqu'à sa mort, il occupe la charge de jaugeur de vin pour la douane d'Amsterdam et ses œuvres deviennent alors rares.

MEINDERT HOBBEMA (1638-1709) Le Moulin à eau

Vers 1664-1668, huile sur toile - Legs Dutuit, 1902 - Inv. PDUT00905

Le motif des moulins à eau, dans lequel certains veulent voir une évocation de la destinée humaine et une représentation de l'ingéniosité dont ont fait preuve les hommes au XVIIe siècle, est très présent dans la peinture hollandaise de cette époque. Hobbema s'en est fait une quasi-spécialité.

Le moulin du tableau Dutuit a été identifié comme étant celui de Deventer, situé sur les bords de l'YJssel, au nord de la Hollande, dans une partie retirée de la Gueldre. L'artiste l'aurait vu au cours d'un voyage réalisé dans le courant des années 1660. Les nombreux tableaux qu'il lui a consacrés, font bien apparaître toute la part d'interprétation de l'artiste par rapport à son modèle. Ce moulin se trouvait dans un cadre urbain et non champêtre comme Hobbema l'a presque toujours montré.

Ce tableau, qui date de la période de maturité de l'artiste, entre 1664 et 1668, et connaît une grande célébrité au XIXe siècle, sert souvent de référence aux toiles de cette série.

Toute la composition, largement ouverte, est axée sur la mise en scène du moulin dont le toit rouge se détache sur le ciel bleu agrémenté de nuages blancs.

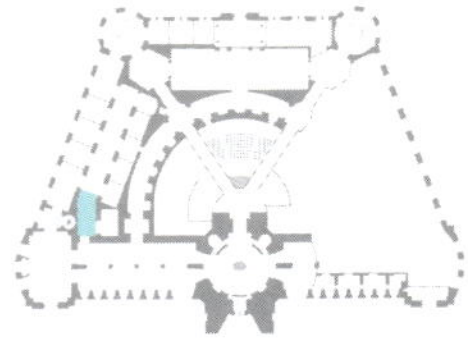

29 | La nature morte

Les natures mortes exposées dans la salle 29 permettent de voir l'évolution de ce genre du début du XVIIe siècle, époque à laquelle la nature morte trouve son autonomie, au XVIIIe siècle. Isaac Soreau (1604-vers 1644), avec sa *Nature morte de fruits et de fleurs*, illustre bien la première conception de ce genre : un réalisme statique et descriptif montrant des motifs juxtaposés.
Nicolas de Largillierre, que l'on s'accorde à considérer comme le plus grand portraitiste de son temps mais qui a pratiqué avec succès tous les genres, est parfaitement représentatif de l'art de la nature morte à la fin du XVIIe et au début du XVIIIe siècle. Il commence d'ailleurs son apprentissage de peintre à Anvers, en réalisant des natures mortes sur des compositions de son maître Anton Goubau (1616-1698) et il exécute une cinquantaine de tableaux relevant de cette catégorie au cours de sa longue carrière. Celle-ci se déroule entièrement à Paris, après un séjour à Londres de 1675 à 1679 où il travaille avec le grand portraitiste Peter Lely (1618-1680).

NICOLAS DE LARGILLIERRE (1656-1746) Perdrix rouge dans une niche
Vers 1680-1685, huile sur toile - Don Georges Sortais, 1928 - Inv. PPP00833

Le tableau exposé ici doit se situer entre l'arrivée à Paris de Largillierre en 1679 et sa réception à l'Académie en 1686.
Largillierre emprunte le motif d'une nature morte dans une niche à la peinture flamande et hollandaise du XVIIe siècle dont il est abondamment nourri. Et les œuvres des Hollandais Jan-Baptist Weenix (1621-1660) et de son fils Jan (1642-1719), exposées à ses côtés (salle 29) sont des exemples de la présence constante de l'utilisation des animaux pendus par les pattes dans les tableaux de chasse. Deux natures mortes de Largillierre, très proches de celle-ci et conservées au musée de Grenoble, ont d'ailleurs été longtemps attribuées à Jan-Baptist Weenix.
Cette nature morte pourrait avoir une signification allégorique. La perdrix, lamentablement pendue par une patte, serait une représentation du martyre du Christ, et les fruits qui l'entourent auraient été choisis pour leurs sens symboliques. La fêlure d'une pierre du cadre de la niche, le grain de raisin sec au cœur de la grappe, la minuscule plume détachée, sur l'entablement, près de l'oiseau, rappellent la fragilité temporelle des choses et étayent cette interprétation métaphorique.
La composition en courbes ondoyantes est très savante. Attentif aux reflets et à l'accord des valeurs rapprochées, Largillierre utilise des coloris chauds dans une gamme volontairement restreinte.

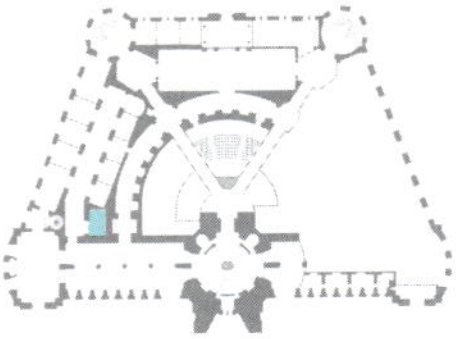

30 La peinture d'Histoire

Rubens est sans conteste le plus grand peintre flamand du XVIIe siècle et l'un des tout premiers noms de l'histoire de la peinture. Il appartient à la Renaissance par sa formation d'humaniste, sa connaissance de l'Antiquité et ses goûts de lettré. Il pratique tous les genres mais, assez naturellement, la peinture d'Histoire, majeure à cette époque, tient la première place dans son œuvre. De son vivant déjà, son influence est immense. Après lui, tous les artistes se verront dans l'obligation de prendre parti face à l'exaltation de la couleur et l'agitation des formes qu'il a conduites à un point extrême.

PETRUS PAULUS RUBENS (1577-1640) L'Enlèvement de Proserpine

Vers 1614-1615, huile sur bois - Legs Dutuit, 1902 - Inv. PDUT00954

Rubens est un maître de l'esquisse, dont il réalise un grand nombre. Première pensée jetée dans le feu de l'action sur la toile, elle est l'expression de la puissance de son imagination, parfaitement servie par la rapidité de l'exécution. Destinée à faciliter le travail de ses collaborateurs et de ses élèves, l'esquisse rubénienne est avant tout une leçon de concision et d'efficacité.

Cette esquisse pour un grand tableau autrefois en Angleterre, dans les collections du duc de Marlborough au château de Blenheim, et détruit dans l'incendie qui ravage une aile de ce château en 1861, représente l'enlèvement de Proserpine. À la suite d'un complot ourdi par Vénus, Pluton tombe amoureux de Proserpine, fille de Cérès et de Jupiter, et l'enlève. La scène que représente Rubens semble plus proche du récit qu'en fait l'écrivain latin du IVe siècle Claudien, dans son poème épique *L'Enlèvement de Proserpine*, que de celui qui se trouve dans les *Métamorphoses* d'Ovide (livre V).

Rubens rend à merveille la brutalité et la rapidité de l'action. Le geste de Pluton, étreignant avec force le corps de Proserpine, confond les deux personnages en une même diagonale lumineuse qui s'oppose à la diagonale sombre formée par Minerve qui tente de lutter contre ce rapt. Et toute la technique de Rubens est au service de cette violence. Sur une base safranée, il dessine du bout du pinceau au moyen d'un trait cursif et conserve à sa technique à l'huile les qualités graphiques des techniques à l'eau, et même des techniques du dessin.

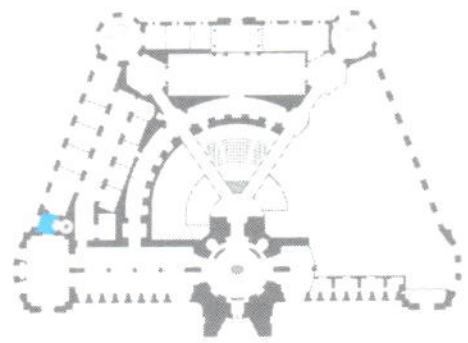

31 La mesure du temps

La Renaissance représente un âge d'or dans l'histoire de l'horlogerie. Les premières horloges mécaniques sont apparues sur les édifices publics dès le XIIIe siècle, avec un poids comme source d'énergie. Mais c'est au milieu du XVe siècle qu'a lieu une révolution technique majeure : l'apparition du ressort, qui remplace le poids, permet de réduire la taille des instruments et les fait entrer dans les demeures princières.

Les horloges de table présentent des formes inspirées de l'architecture : tours rondes ou carrées, ornées de pilastres, colonnettes et arcades. Les plus précieuses d'entre elles possèdent, en outre, un cadran astrolabique qui permet d'étudier le mouvement des astres et plonge leur propriétaire dans l'univers mystérieux de l'astrologie (1).

Les montres, apparues dans la seconde moitié du XVe siècle, constituent une nouvelle étape dans la miniaturisation des mécanismes. Inventivité des formes, raffinement des décors et richesse des matériaux caractérisent la production européenne des XVIe et XVIIe siècles : la montre devient un objet de luxe assimilable à un bijou (2-3).

1 | Horloge de table astrolabique en forme de tour carrée
NICOLAS FÉAU
Laiton doré - Marseille, vers 1550 - Achat sur les arrérages du legs Dutuit, 1925 - Inv. ODUT01604

Cette horloge de table nous laisse admirer un mécanisme finement ciselé, surmonté d'une sonnerie cachée derrière des arcatures ajourées. Mais c'est le cadran astrolabique situé au sommet qui en fait un objet exceptionnel. Son fonctionnement complexe permet notamment l'étude des mouvements du soleil et de la lune à travers le zodiaque.

Cette pièce témoigne du vif engouement des riches humanistes de la Renaissance, curieux des sciences, pour l'astronomie et l'astrologie. Son propriétaire pouvait en effet observer avec facilité le déplacement des astres et connaître ainsi son horoscope sans faire appel à un astrologue.

Contrairement aux artisans allemands, peu d'horlogers français réalisent des constructions aussi complexes, ce qui explique l'extrême rareté de ces horloges en France. Seuls sept exemplaires sont encore conservés, dont deux au Petit Palais.

2 | Montre en forme de tulipe
JOHANN JACOB RUGENDAS
Argent, laiton - Augsbourg (Allemagne), 2e quart du XVIIe siècle
Legs Dutuit, 1902 - Inv. ODUT01416

3 | Montre ovale savonnette
Cuivre doré, émail en résille d'or sur verre - Paris, 1re moitié du XVIIe siècle - Achat sur les arrérages du legs Dutuit, 1925
Inv. ODUT01606

2

3

1

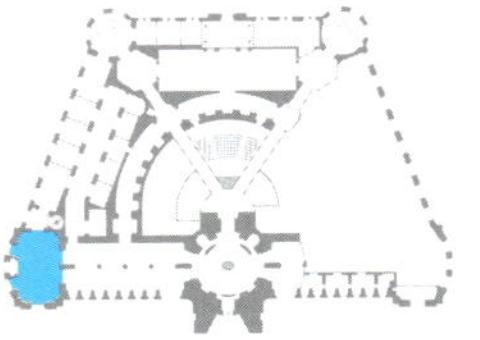

32 Les céramiques françaises

Les poteries dites « de Saint-Porchaire » occupent une place à part dans l'histoire de la céramique française (1). Fabriqués à partir d'une argile très blanche, ces objets de prestige se singularisent par la finesse de leur pâte. Trop fragiles pour être utilisables, ces pièces purement décoratives, dont la courte période de production s'étend entre les années 1540 et 1560, sont sans doute liées à des commandes royales ou seigneuriales.
Mais la céramique la plus typique de la Renaissance française est sans conteste la terre « vernissée », c'est-à-dire une pâte argileuse recouverte d'une glaçure à base de plomb, translucide et colorée (longtemps appelée vernis). Traditionnellement associées au célèbre potier Bernard Palissy (1510-1590), les pièces ornées d'animaux et de plantes moulés sur nature (à « rustiques figulines »[3]) ou à décor historié(2), encore fabriquées au XVIIe siècle, étaient sans doute exposées de façon ostentatoire sur les buffets. Elles illustrent à merveille le goût des princes de l'époque pour l'étrangeté et la virtuosité technique.

1 | Poteries dites « de Saint-Porchaire »
France, milieu du XVIe siècle - Legs Dutuit, 1902 - Inv. ODUT01126, 1127 et 1128

Le Petit Palais a le privilège de conserver trois objets de cette production exceptionnelle dont à peine plus de soixante-dix pièces sont actuellement connues dans le monde.
Le chandelier et les deux aiguières (dites « biberons » en raison de leur petite embouchure) offrent deux types de décors très raffinés : d'une part des éléments moulés en relief rapportés sur le corps du vase (figurines, écussons, masques, coquilles...), d'autre part des motifs d'arabesques et d'entrelacs en terres colorées incrustées. Le mystère de cette technique a été percé très récemment : les décors sont estampés au moyen de matrices en creux et en relief, soit directement sur l'objet, soit sur une mince feuille d'argile qui est ensuite collée sur le corps de l'objet.
Le chandelier du Petit Palais présente les armes de France et le monogramme de Henri II, ainsi que les armoiries d'Anne de Montmorency - famille dont dépendait la terre de Bressuire (Deux-Sèvres) près de la localité de Saint-Porchaire où l'on situe, non sans incertitude, l'origine de cette production.

2 | Plat ovale historié. Henri IV et sa famille
Terre vernissée
Atelier de Fontainebleau, dit d'Avon (?), 1er quart du XVIIe siècle
Legs Dutuit, 1902 - Inv. ODUT01141

3 | Grand plat ovale à décor de « rustiques figulines »
CONTINUATEUR DE BERNARD PALISSY
Terre vernissée - France, fin du XVIe - 1re moitié du XVIIe siècle
Legs Dutuit, 1902 - Inv. ODUT01129

2 | 3

1

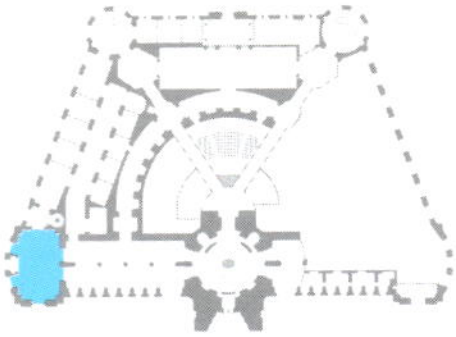

32 Les émaux peints de Limoges

Née à Limoges à la fin du XVe siècle, la technique de l'émail peint y connaît un développement remarquable au siècle suivant. Ce travail délicat consiste à superposer sur une plaque de cuivre des couches d'émail (un produit à base de silice, proche du verre), en les travaillant au pinceau et à la spatule comme pour la peinture (d'où son appellation d'émail peint), ou à l'aiguille (pour griffer la couche émaillée de façon à faire apparaître une couche sous-jacente plus claire ou plus foncée).
Après avoir privilégié les sujets religieux au début du XVIe siècle, les émailleurs s'inspirent à partir des années 1530 des grands mythes et récits de l'Antiquité gréco-romaine (Hercule et les Douze Travaux, Jason et la Toison d'or, l'histoire d'Énée d'après Virgile...) dont l'iconographie est alors véhiculée par les gravures des maîtres italiens, français ou des écoles du Nord qui circulent dans toute l'Europe renaissante.
Les formes les plus appréciées constituent toute une vaisselle d'apparat - aiguières, bassins, coupes, assiettes, salières... - sans fonction utilitaire et parfois marquée des armoiries du riche commanditaire dont elle doit célébrer le goût et le prestige.

1 | Aiguière. Scènes de l'Histoire de Jason et de la conquête de la Toison d'or
MAÎTRE I.C.
Émail peint - Limoges, fin du XVIe-début du XVIIe siècle - Legs Dutuit, 1902 - Inv. ODUT01245

Les scènes représentées sur cette aiguière sont tirées des illustrations du *Livre de la Conqueste de la Toison d'or*, publié à Paris en 1563, gravées par René Boyvin d'après les dessins de Léonard Thiry. La quête de Jason, célèbre héros de l'Antiquité parti à la recherche de la Toison d'or, le conduit à la rencontre de la belle Médée avec laquelle il connaîtra un amour au destin tragique.
Cette aiguière témoigne de la riche palette des couleurs utilisées vers 1600 par les émailleurs de Limoges. Les émaux colorés translucides qui sont posés sur de petites feuilles d'argent (les paillons) évoquent ainsi l'éclat de la vaisselle d'orfèvrerie en or ou en argent doré.

2 | Coupe couverte. Le Festin de Didon et d'Énée
PIERRE REYMOND
Émail peint - Limoges, 1544
Legs Dutuit, 1902 - Inv. ODUT01267

3 | Plaque. Portrait présumé de Jeanne d'Albret
ATTRIBUÉ À L'ATELIER DE LÉONARD LIMOSIN
Émail peint - Limoges, milieu du XVIe siècle
Legs Dutuit, 1902 - Inv. ODUT01253

2

3

1

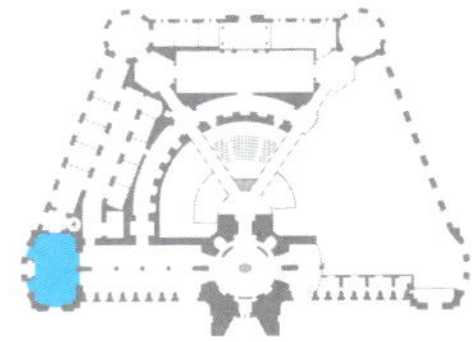

32 Les majoliques italiennes

La majolique désigne la faïence italienne de la Renaissance, qui doit peut-être son nom à l'île de Majorque, escale sur la route du commerce entre l'Espagne et l'Italie. Influencé à ses débuts par les faïences espagnoles à reflets métalliques (2), cet art raffiné et luxueux se développe de façon originale en Italie où il connaît au XVIe siècle sa période d'apogée.
On appelle faïence une pâte argileuse recouverte d'un émail blanc opaque à base d'étain qui sert de support à un décor peint, ornemental ou figuratif. Le goût pour les décors historiés (les *istoriati*) - représentant des scènes mythologiques, bibliques ou historiques dont l'iconographie est souvent inspirée de gravures célèbres - prend toute son ampleur au début du XVIe siècle dans plusieurs villes du nord et du centre de l'Italie, telles Faenza, Pesaro, Urbino, Casteldurante, Deruta, Cafaggiolo...
Les plus belles pièces sont souvent d'usage purement décoratif. La majolique est alors exposée sur les *credenze* - meubles adaptés à la présentation de la vaisselle d'apparat - pour souligner la richesse, la culture et le goût artistique de son propriétaire.

1 | Plat. Le Jugement de Pâris
PEINTRE DU JUGEMENT DE PÂRIS, ATELIER DE MAESTRO GIORGIO
Faïence lustrée - Gubbio (Italie), 1520 - Legs Dutuit, 1902 - Inv. ODUT01091

Ce plat représente un épisode de la mythologie grecque très apprécié à la Renaissance : Pâris, désigné par les dieux comme juge dans la dispute entre les déesses Héra, Athéna et Aphrodite, choisit cette dernière comme étant la plus belle et lui remet la pomme d'or. L'iconographie est inspirée de gravures d'après Raphaël et Timoteo Viti.
La scène peinte est rehaussée de reflets métalliques jaunes et rouges. Ce lustre est obtenu par l'application de sels d'argent ou de cuivre qui se fixent sur la pâte lors d'une dernière cuisson en atmosphère réductrice (sans oxygène) et à basse température. Apparu à la fin du XVe siècle dans différents centres, il se développe avec succès au siècle suivant à Gubbio, où il fait la renommée de l'atelier de Maestro Giorgio, mais aussi à Deruta, autre centre important d'Ombrie.

2 | Grand bassin. Deux Femmes de profil de part et d'autre d'un arbre de vie
Faïence lustrée
Manises (Espagne), 1re moitié du XVIe siècle
Legs Dutuit, 1902 - Inv. ODUT01039

3 | Bassin d'aiguière.
Le Mariage d'Alexandre et de Roxane
GIACOMO MANCINI, dit **EL FRATE**
Faïence lustrée - Deruta (Italie), vers 1540-1545
Legs Dutuit, 1902 - Inv. ODUT01115

1

2 | 3

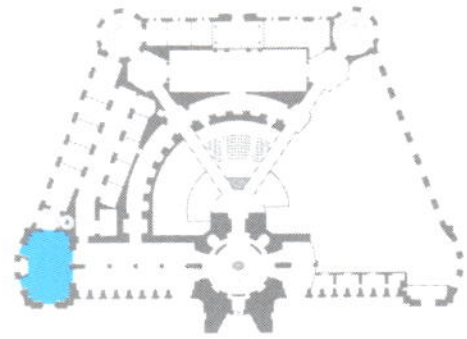

32 | Les verres de Venise

C'est à Venise que commence l'histoire du verre de la Renaissance. S'il est connu depuis l'Antiquité, le travail du verre y prend à partir du milieu du XVe siècle une ampleur considérable. L'invention d'un matériau très pur et incolore (*cristallo*), chauffé puis soufflé à l'air libre ou dans des moules, caractérise ce produit de luxe recherché par les élites européennes.

À la fin du XVe siècle, les pièces adoptent des formes souvent imitées de l'orfèvrerie et présentent des décors dorés et émaillés (des poudres de verre colorées sont posées sur la pièce puis fixées à basse température) inspirés des verres orientaux. Mais c'est au XVIe siècle que le verre vénitien atteint son plus haut degré de perfection avec une finesse et une élégance des formes sans précédent qui font de chaque pièce un véritable chef-d'œuvre. L'invention d'un verre blanc laiteux (*lattimo*) alliée à une maîtrise technique éblouissante, permet la création des décors dits « filigranés » dans lesquels de minces fils blancs opaques sont incorporés à la masse du verre et donnent l'impression de filets entremêlés. Les ateliers pratiquent aussi avec réussite un autre type de décor : la peinture à froid appliquée au revers de la pièce après sa mise en forme.

Largement exportées en Europe, les créations vénitiennes connaissent un énorme succès qui explique la production massive des pièces « à la façon de Venise », notamment en Bohême, en Allemagne et aux Pays-Bas, dès le XVIe et jusqu'au XVIIIe siècle.

1 | Coupe. La Danse des Amours

Verre incolore, décor polychrome peint à froid, or - Venise, milieu du XVIe siècle - Legs Dutuit, 1902 - Inv. ODUT01289

Cette large coupe en verre *cristallo* présente un charmant décor peint à froid au revers. Le sujet, que l'on admire à travers l'épaisseur d'un verre parfaitement incolore, est inspiré d'une estampe gravée par Marcantonio Raimondi d'après Raphaël : deux Amours ailés conduisent une danse d'enfants sur un fond de paysage.

Les fins rinceaux dorés qui ornent le rebord de la pièce ajoutent à la qualité et à la richesse de sa décoration. Conçue comme un luxueux objet d'apparat, cette coupe, dont le décor peint est exceptionnellement bien conservé, n'a certainement jamais eu de fonction utilitaire.

2 | Vase couvert à décor filigrané

Verre - Venise, 2e moitié du XVIe siècle - Legs Dutuit, 1902 - Inv. ODUT01304

1

2

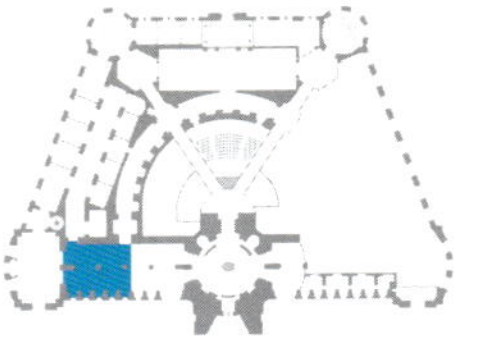

33 Les verres-camées à la cour d'Auguste

Les rares verres-camées aujourd'hui préservés appartiennent à l'un des sommets de la verrerie antique. L'exécution des reliefs qui les décorent s'apparente en tout point, techniquement, à la glyptique. Il faut donc en rechercher l'origine chez les artistes qui créaient des camées, privilège longtemps réservé aux monarques. Lorsque l'Égypte, royaume des Ptolémées, fut soumise par Rome en 30 avant J.-C., ceux qui avaient contribué au renom des arts alexandrins mirent leur talent au service du vainqueur. C'est donc entre Alexandrie et Rome que fut élaborée cette technique. Les exemples retrouvés les plus anciens ne remontent pas au-delà du Ier siècle avant J.-C. Il semble que les objets – vases et plaques – ainsi réalisés aient été réservés à de rares élus.
Les quatre plaques en verre camée connues à ce jour illustrent un sujet dionysiaque.
Le *Camée Carpegna* (Louvre), provenant de la catacombe de Priscilla à Rome, présente Bacchus et Ariane trônant. Les deux verres-camées retrouvés dans la maison de Fabius Rufus à Pompéi, dans les ruines de la salle à manger (*triclinium*), figurent la *Rencontre de Dionysos et d'Ariane* et l'*Initiation d'Ariane aux mystères dionysiaques* (Naples, musée national d'Archéologie).

SATYRE TENDANT UNE GRAPPE DE RAISIN À BACCHUS ENFANT

Verre-camée - Production Italie, fin du Ier siècle avant J.-C. - Provenance Italie - Legs Dutuit, 1902 - Inv. ADUT00240

Le thème de la plaque Dutuit est lui aussi emprunté à ce répertoire, très en vogue dans les derniers temps de la République, puis à l'époque augustéenne. Dans un paysage champêtre dominé par les branches du pin traditionnellement associé au dieu du vin, un jeune satyre, assis sur un rocher, offre une grappe de raisin à Bacchus enfant. Juchée sur une colonne, la statue du dieu Pan surplombe la scène.
Le rôle de ces petites plaques, de format carré, n'est pas clairement établi. On sait l'existence de *quadraturae vitrae*, coûteuses plaques de verre fixées au mur ; cependant leur revers ne garde aucune trace de fixation. Reste le goût attesté pour un mobilier enrichi d'incrustations, le plus souvent d'ivoire, mais qui ont pu être de verre.
Une certitude demeure. Les réparations effectuées sur de tels objets dans l'Antiquité – ainsi l'*Initiation d'Ariane* de Fabius Rufus – indiquent le prix que leurs propriétaires y attachaient.
Moment de perfection technique, les verres-camées disparurent avec la dynastie julio-claudienne (27 avant J.-C.-68 après J.-C.).

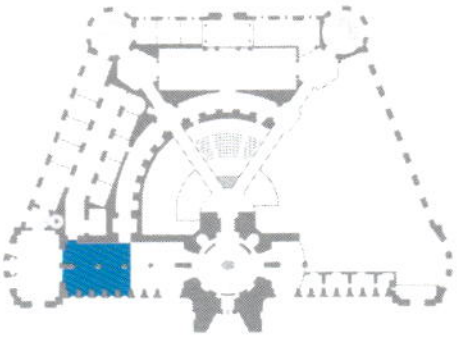

33 La trouvaille des Fins d'Annecy

Après un demi-siècle de guerres civiles, Octave, ayant éliminé, par la guerre ou la proscription, toute opposition, procède à une restauration fictive de la République, en 27 avant J.-C. Assumant le pouvoir, honoré par décret du sénat du titre d'Auguste, il gouverne Rome et son Empire jusqu'à sa mort, en 14. Lors de son accession au pouvoir, Rome est déjà la cité la plus vaste et la plus riche du monde méditerranéen. Elle est aussi une ville musée, ornée d'œuvres originales pillées en Italie du Sud, en Grèce, puis dans les royaumes hellénistiques d'Asie Mineure, et enfin d'Égypte.
Auguste lance un ambitieux programme de constructions, afin de transformer l'antique cité de briques en ville de marbre. Décidé à faire de Rome une nouvelle Athènes, il instaure ainsi le modèle que reproduiront, chacune à son échelle, les cités des provinces romaines.
Ainsi *Boutae*, l'antique Annecy, bourg (*vicus*) gallo-romain dépendant de la cité de Vienne. Station sur la voie impériale tracée sous Auguste pour relier Milan à Strasbourg, elle se dote, dès le début du Ier siècle, d'aménagements urbains à la romaine. Sous les Flaviens et les Antonins, période de stabilité et de prospérité, son expansion se traduit par de multiples édifices publics. Le règne des Sévères coïncide avec une période de stagnation, suivie d'une période troublée. Dans la deuxième moitié du IIIe siècle, Boutae est incendiée à deux reprises.
L'ensemble de bronzes découvert aux Fins d'Annecy en 1867 livre un saisissant résumé de l'histoire locale. Dans une cache soigneusement aménagée, avaient été déposés une statuette, brisée en plusieurs morceaux, et trois portraits, tous ayant manifestement appartenu à la vie publique de la cité.

1 | Éphèbe des Fins d'Annecy Bronze – Production Rome – Vers 30 avant J.-C.
Provenance les Fins d'Annecy (Boutae) - Legs Dutuit, 1902 - Inv. ADUT00001

Dès la fin du IIe siècle avant J.-C., une école néo-attique se développe en Grèce et en Italie. Elle exploite pour ce nouveau marché les styles « classicisants » inspirés des chefs-d'œuvre grecs des Ve et IVe siècles. Des légions de sculptures en marbre, plus rarement en bronze, copient les originaux. L'*Éphèbe des Fins d'Annecy*, réalisé entre 50 et 30 avant J.-C., d'après un original en bronze de Polyclète, illustre à la perfection cette tendance de l'art à la fin de la République. Comment cette statuette unique arriva-t-elle en Gaule ? Dans les bagages d'un haut personnage y prenant ses fonctions, ou rapportée de Rome par l'un des membres locaux de l'élite romanisée ? Fut-elle dès l'origine conçue pour être un objet de dévotion ? L'attribut divin, aujourd'hui brisé, qu'elle tenait dans la main gauche fut ajouté à une date inconnue. Sous quelle forme fut-elle alors vénérée ? Hermès porteur du caducée ou génie bienfaisant à la corne d'abondance, symbole de la fertilité des moissons (*Bonus Eventus*) ?

1

2 | Antonin le Pieux (138-161) Bronze. Fonte en creux – Production Italie du Nord – IIe siècle

Découvert aux Fins d'Annecy ( ) en 1867 - Legs Dutuit, 1902 - Inv. ADUT00002

À partir d'Auguste qui définit à Rome un modèle officiel, le portrait de l'empereur régnant est repris et exposé dans tous les lieux publics de l'Empire.

Ce portrait d'Antonin, dont le règne est pour Boutae synonyme de prospérité, était à l'origine un buste, destiné à être encastré dans un pilier hermaïque.

Plutôt qu'à un atelier de Rome, on doit en attribuer l'exécution à un bronzier de l'Italie du Nord.

3 | Magistrat Bronze. Fonte en creux – Production Italie du Nord – IIe siècle

Découvert aux Fins d'Annecy ( ) en 1867 - Legs Dutuit, 1902 - Inv. ADUT00003

L'arrachement visible au niveau des épaules indique que cette tête, plus grande que nature, provient d'un portrait en pied. Lors de l'enfouissement, seule la tête a trouvé abri dans la cache. Les dimensions impressionnantes de la statue confirment qu'il s'agissait d'un personnage officiel, dont l'identité n'a pu être établie.

Si l'usage d'honorer un personnage public en lui élevant une statue est une coutume adoptée de Rome, l'exécution du portrait renvoie à un style qui ne lui doit rien. La stylisation de la barbe et des cheveux contribue, par son côté décoratif, à souligner les plans puissants du visage.

4 | Magistrat Bronze. Fonte en creux – Production Italie du Nord – IIe siècle

Découvert aux Fins d'Annecy ( ) en 1867 - Legs Dutuit, 1902 - Inv. ADUT00004

Plus petite que la précédente, cette tête provient également d'une statue officielle en pied, grandeur nature. L'apparente parenté des deux têtes résulte d'une même approche stylistique, tempérée toutefois de plus de réalisme. Ce bronze a été réalisé dans la même région, dans le même atelier, peut-être, et à la même époque que le portrait précédent.

La volonté de conserver les effigies qui a présidé à l'enfouissement des trois têtes nous renvoie à la valeur sacrée que les Romains accordent à l'image, gage d'une éternelle survie dans la mémoire historique.

2

3 | 4

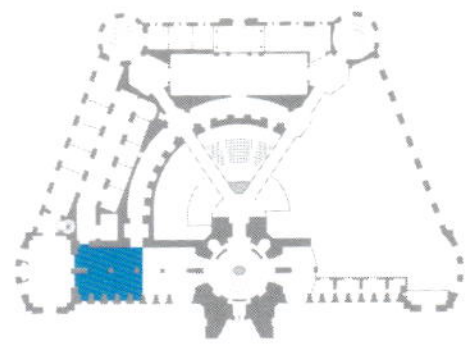

33 Antiquité tardive et art somptuaire

Les hasards archéologiques nous ont restitué d'importants « trésors d'argenterie », dont les éléments datent des IVe et Ve siècles, période dite de l'Antiquité tardive. Au nombre des plus prestigieux, ceux de Mildenhall, Chaource, Kaiseraugst, Carthage, l'Esquilin, tous répartis dans la partie occidentale de l'Empire, affectée par des invasions barbares que les régions orientales ne connurent pas avant le VIIe siècle. Mises au jour en 1793, vingt-sept pièces d'argenterie composent la trouvaille de l'Esquilin improprement dénommée « trésor ». On entend par trésor un ensemble constitué de pièces de provenance et d'époques diverses, certaines reçues en héritage, constituant pour le propriétaire une réserve financière disponible, précipitamment enfouie lors de menaces directes. Les pièces de l'Esquilin furent fabriquées dans un temps assez court et, pour vingt-deux d'entre elles, dans un même atelier. Elles appartenaient à plusieurs membres d'une même famille, la *gens Turcia*, comme l'indiquent monogrammes et inscriptions relevés sur diverses pièces. La présence de quatre statuettes d'argent figurant les quatre métropoles de l'Empire - Rome, Constantinople (inaugurée par Constantin en 330), Alexandrie et Antioche -, liée au domaine public et de l'apparat, date le tout dans la deuxième moitié du IVe siècle. Elle est aussi le signe que leur propriétaire occupait une situation élevée, par la fortune ou le rang.

LA PATÈRE DE L'ESQUILIN Argent – Vers 380 après J.-C. – Vénus à sa toilette ; sur le manche : Adonis
Legs Dutuit, 1902 - Inv. ADUT00171

Comme le *Coffret de Projecta* (British Museum), la pièce la plus connue du « trésor », la patère se situe dans le domaine des biens privés. Sur la face principale du coffret réalisé par l'*Atelier de l'Esquilin*, figure la scène de Vénus à sa toilette. Bien que ne provenant pas de cet atelier, la patère offre le même motif, traité dans le même esprit. Le corps du vase est traité comme la coquille d'où émergea la déesse de la Beauté. Le jeune chasseur, lance en main et chien au pied, figuré sur le manche, est donc clairement identifié comme le bel Adonis, aimé de la déesse, tué par un sanglier et ressuscité, une partie de l'année, par Jupiter, incarnant ainsi le principe de la vie. Le thème, longtemps chargé de sens religieux, n'a plus ici qu'une valeur décorative ou, au mieux, symbolique.

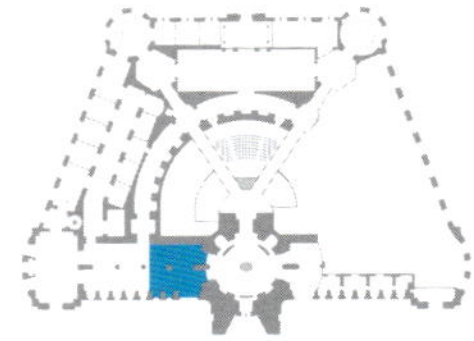

34 Psiax et les révolutions artistiques à Athènes

Mise au point à Corinthe, la technique de la figure noire atteint son apogée à Athènes sous les Pisistratides (561-510 avant J.-C.). Cette céramique figurée - part infime de la production - supplante alors toutes les autres sur les marchés internationaux. Elle est particulièrement appréciée des Étrusques, comme l'atteste la richesse des découvertes faites dans certaines nécropoles, Vulci notamment. Toutefois, ceux qui ont porté la figure noire à ses sommets en mesurent les limites et recherchent de nouveaux modes d'expression picturale. Vers 530 avant J.-C. apparaît une nouvelle technique décorative, la figure rouge, qui inverse le schéma de la figure noire. Désormais les figures, dessinées en réserve, laissent apparaître la couleur de l'argile. Les détails sont portés au pinceau, en vernis dilué.

Dans cette phase d'innovations, Psiax fut le chef de file d'un important atelier et le collègue des Peintres de Lysippidès et d'Andokidès. Peintre « bilingue », il fut à la fois l'un des derniers grands maîtres de la figure noire et l'un des initiateurs de cette nouvelle technique. Actif entre 530 et 515 environ, il s'essaya également à des formes de décor plus délicates et plus fragiles : le rouge-corail, la « technique de Six » et le fond blanc.

Une couche d'argile fine primaire, qui devient blanche à la cuisson, est appliquée sur la surface du vase, formant ainsi le fond. Le décor est alors peint en figure noire, ou en contour, et éventuellement rehaussé de polychromie. Psiax fut l'un des pionniers de cette technique, pratiquée dans les ateliers de deux grands potiers, Nicosthénès et Andokidès. Les décors ainsi réalisés, d'une grande fragilité, étaient réservés à des vases dont la seule fonction, autre que décorative, était funéraire.

Hydrie à fond blanc

Potier : **PSIAX ?** Décor attribué à **PSIAX** – Production Athènes – Vers 525 av. J.-C.

Provenance Vulci, fouilles de Lucien Bonaparte, prince de Canino - Legs Dutuit, 1902 - Inv. ADUT00322

Hermès et sa mère, Maïa. Bélier, lion et bouc

Au caractère exceptionnel du vase répond le parti original de la composition. Privée du cadre traditionnel, elle se déroule en continu sur le pourtour de l'hydrie, gagnant ainsi en monumentalité et en sobriété. Sur une simple ligne de sol se dressent, face à face, deux personnages au centre de la face principale. Strictement de profil, ils se découpent en figure noire sur toute la hauteur de la panse ; les carnations féminines sont peintes en blanc sur le vernis noir. Visuellement isolés, ils sont encadrés,

sous les anses horizontales, à gauche par un bouc, à droite par un bélier. Sous l'anse verticale, un lion rugissant. D'abondants rehauts de blanc, de noir et de rouge complètent le dessin minutieux des incisions. Un épais trait de blanc souligne le poitrail des animaux. Les inscriptions peintes, partiellement conservées, nomment les personnages, Hermès et Maïa, en lettres petites et soignées. Figure également la mention « ΚΑΡΥΣΤΙΟΣ ΚΑΛΟΣ » (Karystios est beau).
Si l'identité des personnages est ainsi assurée, l'interprétation de cette scène, unique dans le répertoire figuré, demeure problématique. La présentation d'Hermès sous des traits juvéniles, imberbe, les cheveux courts et bouclés, face à sa mère Maïa, est très inhabituelle. Généralement, le dieu est figuré sous la forme d'un enfant ou, à l'âge adulte, barbu. Le choix des animaux - bouc, bélier, lion - semble suggérer le rôle de divinité psychopompe d'Hermès. La représentation d'un personnage ordinairement représenté dans sa maturité, sous des traits juvéniles, est un procédé auquel l'artiste a recouru plus d'une fois.
Le décor d'applique qui rehausse le sommet et l'attache de l'anse verticale est tout aussi rare. En particulier la tête de lion qui domine l'anse, reprenant sous une forme plastique le motif graphique du lion rugissant. À deux reprises, pour deux vases à fond blanc décorés par Psiax et rehaussés de figures en applique, ont été notées les affinités existant entre le style du peintre et celui du plasticien. Cette observation vaut également ici. L'imbrication de la forme, de la technique et du décor est telle qu'on ne peut écarter l'hypothèse d'un peintre-potier. Considérant ce que Psiax doit à son maître, le peintre d'Amasis, qui fut très probablement potier et peintre, et la part qu'il a dans la formation d'Euphronios, son élève le plus brillant, lequel débuta comme peintre et termina potier accompli, ceci ne semble pas irréaliste.
Comme souvent, ce vase n'est pas signé. Sur l'ensemble des œuvres qui lui sont attribuées, deux alabastres seulement portent la signature de Psiax, l'un provenant d'Athènes, conservé à Carlsruhe, l'autre à Odessa.

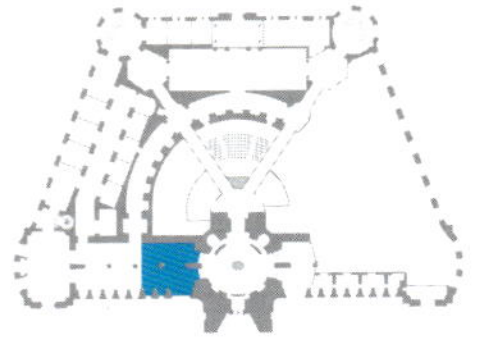

34 Le symbolisme dans l'Athènes classique

Un rhyton de Sotadès. Éthiopien attaqué par un crocodile

Potier : **SOTADÈS**. Décor attribué au **PEINTRE DE SOTADÈS** - Production Athènes, vers 470 avant J.-C. - Legs Dutuit, 1902 - Inv. ADUT00360

À l'origine, le rhyton est le vase à boire de Dionysos. Réservé au dieu et aux héros, il est fait de métal précieux et unit à la corne à boire une tête d'animal, sectionnée au cou. Lors du banquet de héros, du banquet rituel dionysiaque ou du banquet funéraire (*perideipnon*), la tête du taureau ou du bélier haut levée est une évocation de l'animal sacrifié. Pour les rites funèbres et dans les sanctuaires, le rhyton en terre cuite figure comme le substitut des vases d'or et argent. Le lustre du vernis, d'un bleu noir profond, évoque celui de l'argent des mines du Laurion qui constituent l'une des richesses d'Athènes. Exceptionnellement pur, il fait dire au philosophe Thrasyalcès que « l'argent est noir ».

Le bélier, récurrent dans l'œuvre du potier Sotadès, représente l'animal le plus prisé et sexuellement le plus puissant des animaux domestiques. Dès la plus haute antiquité, il est la victime sacrificielle la plus prestigieuse. De là la prédilection athénienne ininterrompue pour sa tête sectionnée en guise de rhyton : le bélier royal sans rival est assimilé au héros tragique voué à mourir (et donc lui-même victime sacrificielle), d'où son association avec Dionysos.

Dans le bestiaire de Sotadès, le crocodile dévorant un négrillon offre le contraste le plus saisissant et le plus savoureux avec la tête de bélier héroïque. L'Éthiopien, tombé sur un genou, est aux prises avec le crocodile debout, qui l'a saisi par le bras. Il se débat contre l'étreinte de la bête. La queue retroussée en anneau de celle-ci constitue l'anse du vase.

Alors que le faciès de la victime trahit la familiarité des modeleurs grecs avec les traits de la race noire - rien de surprenant, compte tenu des relations suivies qu'entretiennent la Grèce et l'Égypte au VIe siècle avant J.-C. -, le modelé peu conventionnel de la bête atteste que l'artiste n'a certainement jamais eu l'occasion d'étudier l'animal sur le vif.

Le sujet est apparemment aux antipodes des valeurs héroïques de l'élite athénienne à laquelle l'usage du rhyton est réservé. Pourtant, il est l'un des plus appréciés dans la production de Sotadès. Avec lui, d'emblée, on pénètre dans le monde dionysiaque, « derrière le miroir », où rien n'est vraiment ce qu'il paraît, dans un monde à l'envers où les concepts grecs de l'héroïsme ont été renversés.

L'Athénien du Ve siècle, dont le comportement doit être régi par le contrôle de soi et la modération (*sophrosunè*), rejette toute démonstration de terreur ou de souffrance (*pathè*). À ses yeux, un tel spectacle est objet non de pitié, mais de mépris et de ridicule. Cette attitude face à la mort, si peu héroïque, est une antithèse parodique au *thanatos kalos*, à la mort noble et glorieuse du héros.

Une des façons typiquement grecques de réaffirmer un idéal social consiste à tourner en dérision et en ridicule son opposé diamétral. Selon la formulation de Thalès, l'homme a trois raisons de remercier les dieux : pour être né humain et non bête, homme plutôt que femme, enfin être né Grec et non barbare.

Un rhyton de Sotadès.
Éthiopien attaqué par un crocodile

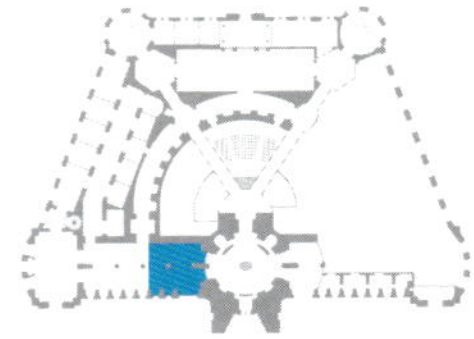

34 | Les Éros de Myrina

En Grèce, deux ateliers jouent un rôle important dans l'élaboration des thèmes adoptés et diffusés par les ateliers hellénistiques : Athènes fait figure de centre de création, sa production de vases restant beaucoup plus importante que celle des terres cuites. Les ateliers de Béotie - situés à Tanagra ou à Thèbes - sont beaucoup plus productifs. Tanagra est, entre environ 330 et 200 avant J.-C., un grand centre de production et d'exportation.
En Grèce d'Asie, des artisans venus de Béotie dans la seconde moitié du IIIe siècle avant J.-C. exploitent les types de Tanagra dans les ateliers de Myrina, petite cité portuaire proche de Kymè, à mi-chemin de Smyrne et de Pergame, sur la côte anatolienne. Au début du IIe siècle avant J.-C., l'influence des grandes écoles de sculpture « ioniennes », Pergame, Rhodes, s'impose, dans un répertoire où apparaissent Éros et Victoires ailés. La cité est détruite par un tremblement de terre à la fin du IIe siècle après J.-C.
Dans la seconde moitié du IIIe siècle avant J.-C. apparaissent, suspendues dans les tombes d'une nécropole située sur la côte occidentale de l'actuelle Turquie, au nord d'Izmir (l'antique Smyrne), à Myrina, de gracieuses figurines de terre cuite, à la brillante polychromie. Amours et Victoires ailés accompagnent les défunts dans leur tombeau.
Fils d'Aphrodite et dieu de l'Amour, doté d'une éternelle jeunesse et d'un charme ambigu, Éros prend alors les traits d'un adolescent, ou d'un enfant ailé. Séduisant et redoutable, il est tantôt le tourment, tantôt la consolation des mortels. Son pouvoir participe des quatre éléments. Volage, insaisissable, toujours en mouvement, il plane dans les airs. Par sa mère, il appartient au monde marin. Ses flèches blessent, sa torche enflammée embrase.

1 | Éros ailé tenant une grappe de raisin

Terre cuite moulée ; restes d'engobe et de polychromie – Production Myrina – 1re moitié du IIe siècle avant J.-C.

Provenance Myrina ? - Achat sur les arrérages du legs Dutuit, 1992 - Inv. ADUT01778

Lié aux mystères de la vie, Éros veille aussi sur le monde des morts. Dans les rapports qui s'établissent peu à peu entre le monde d'Aphrodite et celui de Dionysos, ne voir qu'une alliance naturelle de l'ivresse et des transports charnels constituerait une vision superficielle et réductrice. Face à l'inconnu, les initiés partagent l'espérance que les grandes forces régissant l'univers peuvent leur garantir dans l'au-delà la renaissance des plaisirs et des joies.

Cette croyance se traduit par une évolution sensible de la représentation du dieu. Au bel éphèbe des périodes archaïque et classique, succède l'adolescent androgyne ou l'enfant potelé des nécropoles hellénistiques. La couronne du banquet posée sur ses boucles, une grappe de raisin dans sa main haut levée, le replacent dans le cercle dionysiaque. Cette vision est encore tout empreinte de la grâce des modèles tanagréens. Dans cette tradition s'inscrivent, au IIe siècle avant J.-C., les petits amours, joueurs et musiciens, tout aussi prisés en Asie Mineure qu'en Italie, et qui donneront leurs traits au Cupidon et aux *putti* de l'art romain.

2 | Éros funéraire lampadéphore

Terre cuite moulée – Production Myrina – 2e moitié du IIe siècle avant J.-C.

Provenance Myrina ? - Achat sur les arrérages du legs Dutuit, 2001 - Inv. ADUT01891

L'*Éros porte-torche (lampadéphore)*, réalisé à Myrina dans la seconde moitié du IIe siècle avant J.-C., appartient lui aussi au monde des morts et de Dionysos, ainsi que le proclament la torche éteinte qu'il brandit et la couronne de lierre et de corymbes posée sur ses longues boucles. Toutefois, le créateur de cet Éros impose une vision neuve du dieu, en rupture avec le charme ambigu des Éros enfants et adolescents classiques. La représentation, exaltant la puissance du dieu, se fait monumentale. Un souffle nouveau l'anime, perceptible dans l'amplification des mouvements, tout autant que dans le pathétique de l'expression. Le sort tragique des mortels, symbolisé par la torche éteinte du génie funéraire, se lit dans les traits expressifs du Psychopompe (conducteur d'âmes).
L'œuvre du coroplathe (le modeleur d'argile) se fait l'écho des grandes écoles de sculpture ioniennes - Pergame, Rhodes, notamment - dont l'influence s'impose progressivement, jusque dans le répertoire des coroplathes.

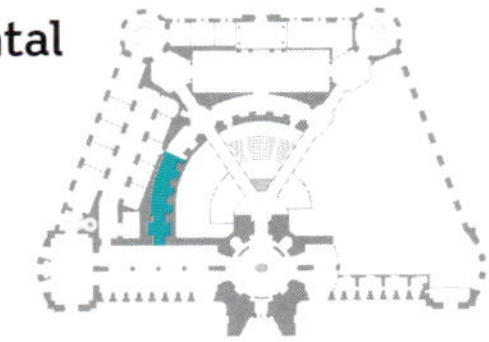

35 | Les émaux champlevés

L'émail est un terme générique qui englobe plusieurs techniques - principalement l'émail cloisonné, champlevé et peint - dont la particularité commune est de faire appel au feu pour fixer une matière vitreuse également appelée émail sur un support métallique. L'émail, incolore et transparent, est utilisé sous forme de poudre, sa coloration étant obtenue par l'apport d'oxydes métalliques. Héritiers de techniques remontant à l'Antiquité, les artisans de la région rhéno-mosane et du Limousin fondent leur renommée, aux XIIe et XIIIe siècles, sur la technique de l'émail champlevé. Cette technique consiste à creuser (ou *champ-lever*) directement une plaque de cuivre assez épaisse de façon à créer des alvéoles qui contiendront les émaux de diverses couleurs. Enrichissant le métal d'une ornementation colorée, l'émail champlevé est très apprécié au Moyen Âge pour embellir les objets religieux les plus précieux (retables, reliquaires, calices, reliures de livres, crosses...), ainsi que des objets d'usage plus quotidien (chandeliers, encensoirs...).

1 | Plaques de parement. Saint Paul et saint Thomas

Cuivre repoussé, émail champlevé - Limoges, vers 1220-1230 - Legs Dutuit, 1902 - Inv. ODUT01239 (1-2)

Chacune de ces plaques est ornée d'un bas-relief figurant Paul et Thomas. Elles appartiennent à un ensemble de plaques, aujourd'hui dispersé, figurant les apôtres, qui ornait vraisemblablement l'autel majeur de l'église de Grandmont (Haute-Vienne).

Les figures se détachent sur un fond émaillé orné de volutes végétales, de fleurs, d'un trône pourvu d'un coussin, ainsi que d'une inscription portant leur nom. Dégageant une forte impression de monumentalité et de noblesse, les deux figures sont des exemples remarquables du Style 1200 qui s'épanouit au début du XIIIe siècle, dans le nord-est de la France notamment. Leur attitude frontale, leurs draperies aux courbes fluides et épousant les formes du corps les rattachent en effet à ce courant stylistique décrit comme « retour à l'Antiquité », dont l'influence s'étend jusqu'à Limoges. Par leur exceptionnelle qualité technique aussi bien qu'esthétique, ces pièces illustrent la maîtrise du travail du métal et de l'émail champlevé à laquelle ont accédé les artisans de Limoges au XIIIe siècle.

Le Petit Palais a le privilège de posséder deux des six plaques encore conservées de cet ensemble exceptionnel.

2 | Reliquaire de la Vraie Croix

Cuivre repoussé, émail champlevé, argent, pierres semi-précieuses - Région mosane, vers 1170-1180
Legs Dutuit, 1902 - Inv. ODUT01237

1

2

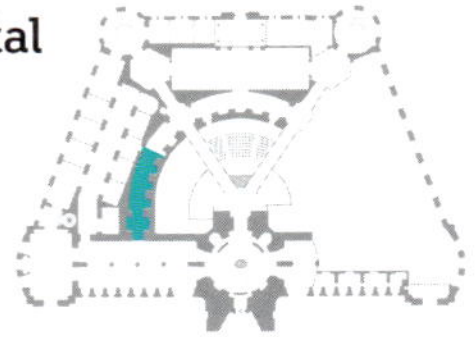

35 Les premiers émaux peints

Après le succès des émaux « champlevés » aux XIIIe et XIVe siècles, puis une période de déclin de la technique de l'émaillage, c'est à partir des années 1480 que les ateliers de Limoges vivent une nouvelle floraison avec l'apparition de l'émail « peint ». La plaque de cuivre, désormais fine et plate, reçoit directement les couches d'émail travaillées au pinceau, à la spatule ou à l'aiguille. Le peintre-émailleur pose plusieurs couches successives sur la plaque. En général, une première couche blanche permet, grâce à des traits sombres, la mise en place du dessin qui sera recouvert progressivement par les différentes couleurs posées et cuites séparément. L'or, qui apporte tout son éclat à l'objet, est posé et cuit à la fin.
Les plus anciens émaux peints illustrent presque exclusivement des thèmes religieux. Les plaques isolées ou montées en polyptyques - retables à plusieurs volets qui décoraient les autels des églises - sont ornées des figures de la *Nativité* ou de scènes de la vie du Christ. Les émailleurs puisent leur inspiration dans des modèles graphiques : enluminures de manuscrits, illustrations de livres d'Heures imprimés ou encore estampes - principal vecteur de diffusion des images. Le développement de l'émail peint se poursuit tout au long du XVIe siècle, notamment avec le succès des objets profanes à décor mythologique, sans pour autant que les sujets religieux disparaissent.

Retable. Scènes de la Passion du Christ (ill. pages suivantes)
Attribué à l'**ATELIER DU MAÎTRE AUX GRANDS FRONTS**
Émail peint - Limoges, 1er tiers du XVIe siècle - Achat sur les arrérages du legs Dutuit, 2000 - Inv. ODUT01828
La lecture des douze plaques se fait de gauche à droite et de bas en haut : *le Christ au Jardin des Oliviers* (détail), l'*Arrestation du Christ*, le *Christ devant Anne* (ou *Caïphe*), la *Flagellation*, le *Couronnement d'épines*, l'*Ecce Homo*, le *Christ devant Pilate*, le *Portement de Croix*, la *Crucifixion*, la *Mise au tombeau*, la *Descente aux Limbes* et la *Résurrection*.
Les scènes sont inspirées des estampes de la *Passion du Christ* gravées entre 1475 et 1480 par Martin Schongauer (Colmar, vers 1450 - Breisach, 1491). Au-delà de la fidélité au modèle, la créativité du peintre-émailleur se manifeste ici par un style tout personnel (douceur des modelés, grands fronts...) et par des choix décoratifs liés à l'utilisation de la couleur (notamment l'usage des « paillons », petites feuilles d'argent sur lesquelles sont posées des gouttes d'émail translucide coloré évoquant l'éclat des pierreries). La grâce des attitudes et l'harmonie des formes, alliées à la fraîcheur des couleurs, rangent cette œuvre parmi les grandes créations émaillées du début du XVIe siècle.

Le Christ au Jardin des Oliviers (détail)

Retable. Scènes de la Passion du Christ

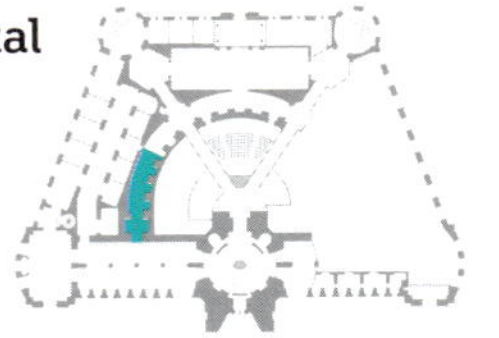

35 | Les ivoires médiévaux

L'ivoire tient une place importante dans l'histoire des arts précieux du Moyen Âge. Ce matériau rare provient essentiellement de la défense d'éléphant, mais aussi d'animaux marins tel le morse. Héritier de l'ivoirerie antique, cet art se développe particulièrement dans le monde chrétien oriental, à Byzance. Capitale de l'Empire romain d'Orient depuis le IVe siècle et jusqu'en 1453, Byzance constitue un univers artistique autonome et original. C'est au mouvement appelé « Renaissance macédonienne » (IXe-XIe siècles) que se rattache la plaque de la *Vierge à l'Enfant trônant* dont l'iconographie est par bien des aspects héritière de modèles de l'Antiquité.

Mais ce matériau précieux est également apprécié en Occident, depuis l'Antiquité tardive jusqu'aux époques romane (Xe-XIIe siècles) et gothique (XIIIe-XVe siècles). Cette dernière constitue l'apogée de l'ivoirerie française. Dès le XIIIe siècle, Paris devient le centre majeur de cette production, avec la multiplication de nombreux types d'objets, religieux ou profanes : diptyques (3) et triptyques (petits retables destinés à la dévotion privée), coffrets, valves de miroir, manches de couteau, mais surtout statuettes. Sculptées dans la courbure même de la défense d'éléphant, les figurations de Vierges à l'Enfant (2) ou d'autres saints personnages adoptent alors une attitude inclinée dont l'élégance est soulignée par les plis du drapé. Le temps a malheureusement fait disparaître la polychromie et la dorure que ces œuvres, précieuses comme l'orfèvrerie, offraient alors au regard.

1 | Plaque de reliure. Vierge à l'Enfant trônant

Ivoire d'éléphant - Constantinople, 2e moitié du Xe siècle - Legs Dutuit, 1902 - Inv. ODUT01272

La Vierge, assise sur un trône monumental et placée sous un baldaquin, tient sur ses genoux l'enfant Jésus. Deux médaillons contenant des bustes (les apôtres Jean et Paul, ou les prophètes Isaïe et Ézéchiel ?) sont placés de part et d'autre de son visage.

Cette plaque sculptée de très grande qualité - qui ornait probablement le plat de reliure d'un manuscrit - illustre un courant majeur de l'art byzantin du Xe siècle qui réinterprète à sa manière les modèles antiques. Son style la rattache aux œuvres du « groupe de Nicéphore » (empereur byzantin de 963 à 969) dont témoignent ici une simplification des drapés, l'aspect monumental de la figure de la Vierge et la douceur des visages.

2 | Vierge à l'Enfant

Ivoire, traces de dorure et de polychromie

Région parisienne ou nord de la France, vers 1220-1230

Legs Dutuit, 1902 - Inv. ODUT01274

3 | Diptyque. Scènes de la vie et de la Passion du Christ

Ivoire

Paris, vers 1370-1380

Legs Dutuit, 1902 - Inv. ODUT01277

1

2

3

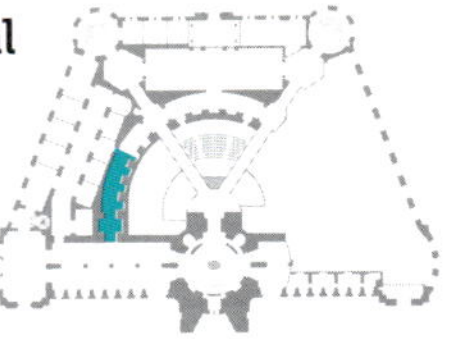

35 | La peinture en Occident au XVe siècle

Les salles 32 et 35 présentent différentes peintures datables du XVe siècle provenant des deux grands centres artistiques de l'époque, l'Italie et les Pays-Bas.
Le XVe siècle, dès ses débuts, voit apparaître en Italie un nouveau mouvement qui prit par la suite le nom de Renaissance (illustré salle 32 par des œuvres d'atelier de Botticelli et Mantegna). Cette véritable révolution artistique est au XVe siècle essentiellement italienne et, même en Italie, une grande partie de la production picturale reste gothique (voir dans la salle 35, le tableau *Vierge à l'Enfant* de l'école florentine). Elle ne gagne l'Europe que progressivement. L'art des Pays-Bas, qui connaît à cette époque une floraison admirable, reste à l'écart. Les frères Van Eyck, qui se dégagent de la tradition gothique et modifient profondément l'art de peindre par leur rare faculté d'émerveillement devant le réel et leur maîtrise de la nouvelle technique de la peinture à l'huile, n'appartiennent pas à l'univers de la Renaissance.
C'est à cette école qu'a été formé le Maître de Saint Barthélemy, un des plus grands artistes européens de la fin du XVe siècle, dont il a été impossible jusqu'à aujourd'hui de retrouver l'identité exacte. Indépendant, original, il n'a eu ni élèves, ni suiveurs. Originaire sans doute de la partie septentrionale des Pays-Bas et actif entre 1475 et 1510, il appartient à l'école de Cologne où il semble s'être fixé vers 1480. Cette école maintient avec éclat une conception médiévale de la peinture jusqu'au début du XVIe siècle, témoignant d'une volonté d'idéalisme dans la représentation et de perfection artisanale dans la facture.

LE MAÎTRE DE SAINT BARTHÉLEMY (vers 1440/1450-vers 1510/1520) La Nativité

Vers 1480, bois - Donation Tuck, 1921 - Inv. PTUCK00001

Tout imprégné de l'influence des Pays-Bas, ce tableau date de la première partie de la carrière de l'artiste et se caractérise par un dessin anguleux : figures raides et isolées, plis cassés des vêtements, visages aux traits accentués.
Il s'agit vraisemblablement du volet d'un retable consacré à la vie de Marie dont on connaît d'autres panneaux. Suivant l'iconographie qui se généralise à partir du XIVe siècle en Occident, la naissance du Christ est représentée sous la forme dite de l'Adoration de l'Enfant, inspirée d'une vision racontée par une mystique du XIVe siècle, sainte Brigitte de Suède.
Du fait de la perte d'opacité de certaines couleurs avec le temps, le dessin sous-jacent utilisé par l'artiste pour mettre en place sa composition, et généralement seulement visible par un procédé appelé la réflectographie à l'infra-rouge, apparaît en de nombreux endroits.

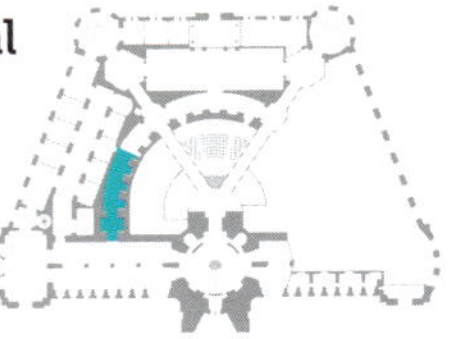

35 Les sculptures germaniques

Témoins de la foi chrétienne des hommes du Moyen Âge, les sculptures exposées dans les musées remplissent à l'origine une fonction religieuse. Elles s'intègrent le plus souvent à de vastes ensembles, les retables en bois sculpté, peint et doré, qui se dressent alors sur les nombreux autels des cathédrales ou d'églises plus modestes. C'est au cours du XVe siècle que le retable prend, dans les pays germaniques, une ampleur considérable : la caisse centrale, qui abrite de grandes figures sculptées, est protégée par deux volets mobiles (ce qui forme un triptyque) dont l'extérieur est souvent peint et l'intérieur orné de bas-reliefs.

Les artisans ou artistes - la limite est encore très fluctuante à la fin du Moyen Âge - travaillent pour de riches commanditaires qui leur demandent d'illustrer les scènes les plus sacrées - Nativité, Adoration des Mages, Crucifixion, Dormition de la Vierge… - ou de représenter le saint patron de leur église.

Les sculptures présentées dans la salle 35 proviennent d'Allemagne du Sud et d'Autriche. Taillées principalement dans le tilleul, bois léger et tendre qui se prête parfaitement à la virtuosité de l'outil, elles illustrent l'évolution du style « gothique tardif » depuis le milieu du XVe siècle - avec un art dynamique aux formes compliquées et aux plis massifs - jusqu'au début du XVIe siècle, où il s'enrichit des innovations de la Renaissance italienne.

1 | **ATELIER DE NIKLAUS WECKMANN L'ANCIEN** La Nativité

Tilleul polychromé - Ulm (Allemagne du Sud), vers 1525 - Donation Pierre Marie, 1929 - Inv. PPS02075

L'iconographie de cette *Nativité* est très fréquente à la fin du Moyen Âge : dans une étable au toit en partie détruit, Marie est agenouillée, les mains jointes, devant l'enfant Jésus. Elle est entourée par Joseph tenant une bougie, dont il protège la flamme avec l'une de ses mains, et par l'âne et le bœuf. Ce bas-relief offre, en outre, un vocabulaire décoratif d'inspiration italienne : la perspective maladroite, l'architecture de palais aux pilastres chargés de candélabres et de rinceaux, les angelots ressemblant à des *putti*, le buste de guerrier de profil dans un médaillon… autant d'éléments évocateurs de l'intérêt nouveau pour l'Antiquité qui caractérise la Renaissance.

Ce panneau décorait vraisemblablement à l'origine un volet de retable monumental.

2 | Sainte Barbe (?)

Bois décapé autrefois polychromé (tilleul ?)
Allemagne du Sud (Ulm ?), fin du XVe siècle
Donation Pierre Marie, 1929 - Inv. PPS02560

2

1

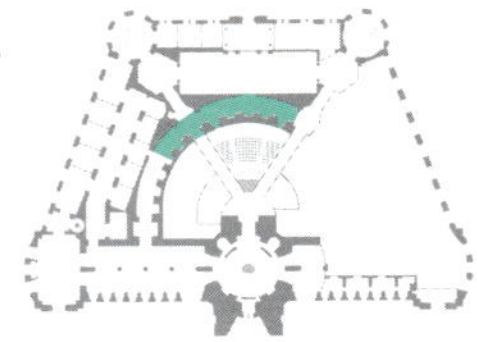

36 Les icônes crétoises

Occupée par les Vénitiens à la suite de l'invasion de Constantinople par les croisés, en 1204, la Crète connaît une grande activité artistique, menant des échanges à la fois avec Venise et avec Constantinople.
À la suite de la prise de cette ville en 1453 par les Turcs, marquant la fin de l'Empire byzantin, la Crète devient le principal refuge des peintres d'icônes et le premier centre de création d'icônes du monde grec. Elle garde une situation prépondérante jusqu'à la conquête turque en 1669. Cette production, qui fait suite à la peinture byzantine de l'époque des empereurs Paléologues (1261 à 1453), est d'une grande qualité tant par la technique que par l'iconographie. Animée d'un esprit de simplicité et de mesure, elle se caractérise par un contour précis, par l'équilibre de la composition, par un traitement géométrique des draperies et, enfin, par un modelé des chairs qui utilise sur un fond brun foncé un fin réseau de lignes de plus en plus claires. L'art crétois est aussi marqué par des emprunts aux artistes italiens et flamands dont les innovations s'allient de la façon la plus heureuse à la tradition proprement byzantine.

La Nativité

Crète, vers 1480-1500, tempera sur panneau enduit - Achat sur les arrérages du legs Dutuit, 1997 - Inv. PDUT01975

Au lieu d'intégrer des motifs occidentaux dans le cadre d'une icône, cette image présente la singularité de juxtaposer le style italien et le style byzantin de part et d'autre d'une diagonale qui relie l'angle inférieur gauche à l'angle supérieur droit de ce panneau. Peut-on même imaginer, à la suite de certains, qu'il est l'œuvre de deux artistes différents, l'un de tradition occidentale, l'autre de tradition byzantine ?
Le paysage panoramique, qui reflète la tradition italo-flamande de l'époque, offre la particularité non seulement d'occuper un espace totalement inhabituel mais d'être organisé suivant le principe de la perspective ; les vallons qui se succèdent contribuent à approfondir le champ de la vision et un ciel bleu parcouru de nuages remplace le fond d'or.
L'icône raconte la naissance du Christ fêtée le 25 décembre, jour de Noël. L'Église orthodoxe, ce jour-là, célèbre la « Nativité selon la Chair de notre Seigneur Dieu et Sauveur Jésus Christ » et fait mémoire « des Bergers qui ont vu le Seigneur » ainsi que de « la vénération des Mages ». Ces événements, connus par les évangiles, sont complétés par des éléments provenant de la Tradition qui servent à la mise en images du discours théologique sur l'Incarnation divine affirmée comme « réelle et non illusoire ».

Η ΧΥ ΓΕΝΝΗϹΙϹ

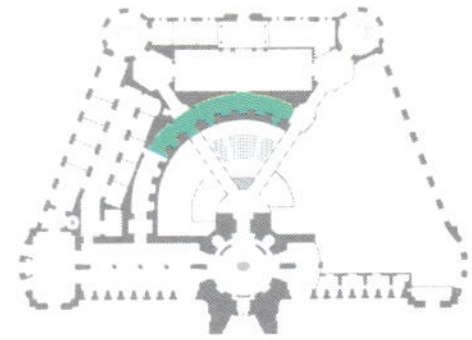

36 Les icônes russes

Officiellement, c'est en 988 que la Russie se convertit au christianisme avec le prince Vladimir qui, après avoir été baptisé lui-même, fait baptiser tout son peuple dans les eaux du Dniepr, cette année-là. Cette évangélisation vient de Constantinople et la Russie hérite de la conception byzantine des icônes, élaborée dans l'Église orientale à la suite de la crise iconoclaste qui a bouleversé la société byzantine entre 726 et 843. L'image liturgique, reflet du dogme, obéit à des principes formels rigoureux comme la perspective inversée, le fond d'or, l'absence d'ombre portée. Mais la Russie a su développer un art qui a ses caractéristiques propres tant par sa technique que par son iconographie. De façon plus systématique que dans l'Empire byzantin, la face peinte est creusée dans sa partie centrale, formant une cuvette destinée à recevoir l'image principale alors que la bordure en réserve est ornée de portraits de saints, de scènes ou de revêtements orfévrés. L'enduit de préparation est généralement à base de craie. Le peintre russe travaille sur le support posé à plat ce qui lui permet d'utiliser des couleurs fortement diluées. La matière est ainsi plus fluide. Les formes sont stylisées, la luminosité est adoucie et les couleurs plus franches.
Le répertoire iconographique révèle une interprétation des thèmes classiques, adaptée aux sensibilités locales, et s'enrichit de la représentation des saints locaux.
Des styles régionaux ou nationaux se sont aussi développés, par exemple à Pskov, Novgorod ou Moscou, qui ont eux-mêmes évolué dans le temps.

L'Archange Michel ; L'Archange Gabriel

Nord de la Russie, 2e moitié du XVIIe siècle, tempera sur bois - Legs Roger Cabal, 1998 - Inv. PPP04921 et 04922

Ces deux icônes proviennent de la rangée de la *Déisis* d'une iconostase. Cette cloison qui sépare le chœur de la nef dans les églises orthodoxes est couverte d'icônes disposées dans un ordre traditionnel. La *Déisis*, au centre, est formée du Christ-Tout-Puissant, entre la Mère de Dieu et saint Jean Baptiste, et entourée des archanges Michel et Gabriel qui représentent les puissances célestes montant la garde autour du Seigneur.
Ces icônes ont probablement été peintes dans le nord de la Russie, comme le suggèrent le grand visage des archanges, leur corps assez trapu, et l'économie des couleurs utilisées, blanc, noir, ocre, vert et rouge.

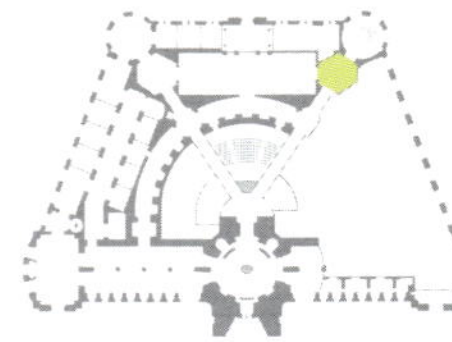

39 | Les Expositions universelles

De Londres, en 1851, à Paris en 1900, les Expositions universelles résument l'histoire technique, industrielle et artistique du XIXe siècle. L'État organise ces grandes manifestations qui attirent des millions de visiteurs et décerne des prix aux exposants les plus méritants. Paris accueille des Expositions universelles à cinq reprises : en 1855, 1867, 1878, 1889 et 1900. Plusieurs bâtiments parisiens prestigieux en sont directement issus. Certains d'entre eux, comme le Palais de l'Industrie de l'Exposition de 1855 et le Palais du Trocadéro de l'Exposition de 1878 ont disparu. Mais la Tour Eiffel, construite en 1889, le Petit Palais, le Grand Palais et le Pont Alexandre III, construits en 1900, témoignent du faste et de la splendeur de ces installations destinées à célébrer « l'alliance de l'art et de l'industrie ».

1 | **LÉON-JOSEPH-THOMAS ALESSANDRI ET FILS (1803 - ?)** Vitrine

1867, ébène, ivoire et bronze doré - Fonds ancien - Inv. WPPO00097

Artisan spécialisé dans les ouvrages en ivoire, Alessandri remporte une médaille d'or à l'Exposition universelle de 1867 avec cette vitrine de style Renaissance en forme de petit temple circulaire. Pour sa réalisation, Alessandri s'est entouré du concours des meilleurs spécialistes : Eugène Prignot, décorateur et dessinateur d'ornements, Carrier-Belleuse et Bernard, sculpteurs. Eugène Prignot aurait donné le dessin général du meuble et dirigé son exécution. Carrier-Belleuse a conçu les modèles des quatre bas-reliefs (l'*Architecture*, la *Sculpture*, le *Commerce*, le *Travail*) qui décorent la base, et Victor Bernard a sculpté la figure de *Victoire* qui surmonte le dôme.

2 | **HENRI GERVEX (1852-1929)** et **ALFRED STEVENS (1828-1906)**
Les Peintres devant l'île de la Cité (ill. pages suivantes)

Fragment du *Panorama du siècle* exécuté à l'occasion de l'Exposition universelle de 1889, huile sur toile - Achat sur les arrérages du legs Dutuit, 1986 - Inv. PDUT01491

Un panorama est constitué d'une immense peinture installée à l'intérieur d'un bâtiment circulaire, qui s'observe d'une plate-forme placée au centre de celui-ci. Les Expositions universelles sont propices au lancement de ce type d'installation dont la mise en place demande d'importants investissements. À l'approche de l'Exposition de 1889, le peintre Henri Gervex s'associe au bruxellois Alfred Stevens pour rassembler, en un *Panorama du siècle*, les personnalités qui illustrèrent l'histoire et les arts en France entre 1789 et 1889. Après sept ans d'exposition dans le jardin des Tuileries, il est démonté et découpé en morceaux. Quelques fragments en sont réunis dans cette salle.

Der Prachtschrank von ALESSANDRI UND SOHN in GENUA kann eins der besten Kunstmöbel der Neuzeit genannt werden, fand daher auch zahlreiche Bewunderer. Er ist blos aus Ebenholz und Elfenbein angefertigt; alle Ornamente sind aus letzterm und sind mit seltener künstlerischer Bravour geschnitten. Die vier Figuren im Hochrelief, welche die Nischen des Untersatzes ausfüllen, sind wahre Meisterwerke der Bildschnitzerkunst. Nicht minderes Lob verdienen auch die kleineren Verzierungen, wie denn überhaupt das Ganze mit so viel Urtheil und Geschmack componirt ist, dass es mit Recht ein Anziehungspunkt geworden war.

hält der Kritik besser stand, während ein Ebenholzcabinet von Gobart den Werth eines wirklichen Kunstwerkes beanspruchen konnte. Mit wenigen Ausnahmen erscheinen übrigens die belgischen Möbel mehr dauerhaft als zierlich, mehr auf Massenwirkung berechnet als von sorgfältiger Behandlung, und im Stile der Ornamente mehr naturalistisch als wahrhaft künstlerisch.

Italien durfte den Ruhm beanspruchen, in Hinsicht auf Credenzen (Dressoirs, Sideboards) im sogenannten Küchen- oder Speisekammerstil alle Concurrenten aus dem Felde geschlagen zu haben. Ferri und Bartolozzi in Siena hatten ein solches Büffet ausgestellt, dessen Betrachtung schon ein Gastmahl aufwog. „Nun habe ich ganz ausgezeichnet dinirt!“ sagte ein britischer Gentleman gerührt, nachdem er mit vor dem Bäuchlein gefalteten Händen lange davorgestanden und sich seufzend zum Fortgehen wandte. In der That war daran alles Wünschenswerthe für einen Gourmand zu sehen: Schweinsköpfe und Hummern, Aale und Butten, Hasen, Schnepfen, Rebhühner, Enten, die kostbarsten Früchte aller Jahreszeiten gemüthlich untereinander, kurz, was nur das Auge zu reizen, den Gaumen

2 | Les Peintres devant l'île de la Cité

Dupré Rousseau Isabey Millet Couture Daubigny Diaz Corot

Troyon | Fromentin | Barye | Decamp | Courbet | Robert-Fleury

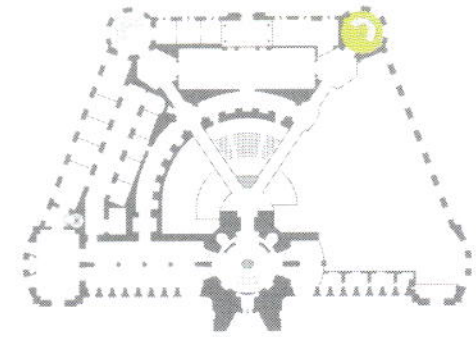

40 L'atelier de Dalou

Aimé-Jules Dalou se distingue tôt par une aisance de modeleur qui fait l'admiration de ses maîtres, à commencer par Carpeaux. La guerre de 1870 interrompt un début de carrière prometteur : socialiste convaincu, Dalou, qui s'est s'engagé comme Courbet aux côtés des communards, doit s'exiler en Angleterre en 1871, jusqu'à ce qu'il soit gracié en 1879. À Londres, il enseigne, sculpte, expose et vend fort bien des bustes élégants et des scènes de genre inspirés du XVIIIe siècle français.
L'ambition de Dalou, de retour en France, est de devenir le sculpteur de la nouvelle République. Son projet de *Monument à la République* est retenu en 1879 pour la place de la Nation ; deux grands bas-reliefs reçoivent la médaille d'honneur au Salon de 1883. Sans devenir un notable, Dalou est désormais reconnu comme un maître, avant son condisciple de la Petite École, Auguste Rodin.
À sa mort en 1902, ses exécuteurs testamentaires trouvent dans son atelier un merveilleux ensemble d'esquisses, inconnu du public. Ce fonds d'atelier, plus de trois cents œuvres, est vendu à la Ville de Paris et prend place au Petit Palais dans une salle Dalou créée en 1905 ; cette salle 40 s'en veut l'évocation.

1 | **JULES DALOU (1838-1902)** Semeur sur piédestal
1894, terre cuite - Achat à Georgette Dalou, fille de l'artiste, 1905 - Inv. PPS00117

Une centaine d'esquisses de ce fonds se rapporte à un projet cher à son cœur, mais dont Dalou n'a jamais reçu commande : un monument dédié aux ouvriers, ceux dont ce socialiste sincère, fils du peuple, se sent proche. Le *Semeur sur piédestal*, petite esquisse en terre, est la première pensée pour un *Monument au paysan*. La statuette et le piédestal sont issus d'une série de croquis de travailleurs, dessinés et modelés d'après nature ou de mémoire.
Depuis les années 1880, en effet, une génération après les romanciers et les peintres réalistes, la sculpture s'est elle aussi tournée vers la représentation de la vie quotidienne. Dalou est le représentant majeur de cette nouvelle tendance. Loin de tout pittoresque anecdotique, il symbolise, par un geste simple, l'essence du travail.

2 | **JULES DALOU (1838-1902)** La Fraternité
Esquisse du haut-relief en plâtre de La Fraternité, présenté au Salon de 1883 - Vers 1878-1882, terre cuite
Achat à Georgette Dalou, fille de l'artiste, 1905 - Inv. PPS00341

2

1

Index chronologique
des illustrations des collections du guide

Dates	Artistes, œuvres	Matériaux, techniques	Titres des salles	Pages
Antiquité				
Vers 525 avant J.-C.	Psiax, *Hydrie à fond blanc*	Céramique	34. Monde grec	143, 145
Vers 470 avant J.-C.	Un rhyton de Sotadès. Éthiopien attaqué par un crocodile	Céramique	34. Monde grec	147, 149
Première moitié du IIe siècle avant J.-C.	Éros ailé tenant une grappe de raisin	Terre cuite	34. Monde grec	151
Deuxième moitié du IIe siècle avant J.-C.	Éros funéraire lampadéphore	Terre cuite	34. Monde grec	153
Fin du Ier siècle avant J.-C.	Satyre tendant une grappe de raisin à Bacchus enfant	Verre camée	33. Rome et son Empire	135
Vers 30 avant J.-C.	Ephèbe (Fins d'Annecy)	Bronze	33. Rome et son Empire	137
IIe siècle	Antonin le Pieux (Fins d'Annecy)	Bronze	33. Rome et son Empire	139
IIe siècle	Magistrat (Fins d'Annecy)	Bronze	33. Rome et son Empire	139
IIe siècle	Magistrat (Fins d'Annecy)	Bronze	33. Rome et son Empire	139
Vers 380 après J.-C.	Patère de l'Esquilin	Argent	33. Rome et son Empire	141
Moyen Âge				
Peintures				
Vers 1480	Maître du retable de Saint Barthélemy, *L'Adoration de l'Enfant*	Huile sur bois	35. Moyen Âge et Renaissance	163
Vers 1480-1500	*La Nativité*	Icône, tempera sur bois	36. L'art de l'icône	167
Sculptures				
Fin du XVe siècle	Sainte Barbe (?)	Bois	35. Moyen Âge et Renaissance	165
Objets d'art				
Deuxième moitié du Ve siècle	Plaque de reliure : Vierge à l'Enfant trônant	Ivoire	35. Moyen Âge et Renaissance	161
Vers 1170-1180	Reliquaire de la Vraie Croix	Émail champlevé	35. Moyen Âge et Renaissance	155
Vers 1220-1230	Plaques de parement : saint Paul et saint Thomas	Émail champlevé	35. Moyen Âge et Renaissance	155

Vers 1220-1230	Vierge à l'Enfant	Ivoire	35. Moyen Âge et Renaissance	161
Vers 1370-1380	Diptyque : Scènes de la vie et de la Passion du Christ	Ivoire	35. Moyen Âge et Renaissance	161
Renaissance				
Peintures				
Fin du XVIe siècle	École de Moscou, *Tête de Saint Jean-Baptiste dans une coupe*	Icône, tempera sur bois	36. L'art de l'icône	11
Sculptures				
Vers 1525	Niklaus Weckmann l'Ancien (atelier de), *La Nativité*	Bois	35. Moyen Âge et Renaissance	165
Objets d'art				
Premier tiers du XVIe siècle	Maître aux grands fronts (attribué à l'atelier du), *Retable : Scènes de la Passion du Christ*	Émail peint	35. Moyen Âge et Renaissance	157-159
Première moitié du XVIe siècle	Grand bassin : Deux femmes de profil de part et d'autre d'un arbre de vie	Faïence	32. Italie	131
1520	Peintre du Jugement de Pâris, atelier de Maestro Giorgio, Plat : *Le Jugement de Pâris*	Faïence	32. Italie	131
Vers 1540-1545	Giacomo Mancini, dit El Frate, Bassin d'aiguière : *Le Mariage d'Alexandre et de Roxane*	Faïence	32. Italie	131
1544	Pierre Reymond, Coupe couverte : *Le Festin de Didon et d'Énée*	Émail peint	32. France	129
Milieu du XVIe siècle	Poteries dites « de Saint-Porchaire »	Céramique	32. France	127
Milieu du XVIe siècle	Léonard Limosin (attribué à l'atelier de) *Portrait présumé de Jeanne d'Albret*	Émail peint	32. France	129
Milieu du XVIe siècle	Coupe : *La Danse des Amours*	Verre	32. Italie	133
Vers 1550	Nicolas Féau, Horloge de table astrolabique en forme de tour carrée	Horlogerie	31. Les arts précieux	125
Deuxième moitié du XVIe siècle	Vase couvert à décor filigrané	Verre	32. Italie	133
Fin du XVIe siècle	Continuateur de Bernard Palissy, Grand plat ovale à décor de « rustiques figulines »	Céramique	32. France	127
Fin du XVIe-début du XVIIe siècle	Maître I.C., Aiguière : *Scènes de l'Histoire de Jason et de la conquête de la Toison d'or*	Émail peint	32. France	129
XVIIe - XVIIIe siècles				
Peintures				
Vers 1614-1615	Petrus Paulus Rubens, *L'Enlèvement de Proserpine*	Huile sur bois	30. Peintures d'Histoire	123
Vers 1631-1633	Rembrandt Harmensz. van Rijn, *Portrait de l'artiste en costume oriental*	Huile sur bois	26. Portraits et figures	115
Vers 1637-1638	Claude Gellée, *Paysage avec le port de Santa Marinella*	Huile sur cuivre	27. Paysages	117
Vers 1663-1665	Jan Steen, *Enfant quêteur*	Huile sur bois	25. Portraits et figures	113

Index chronologique

XIXᵉ - début XXᵉ siècles

Peintures

1804	Jean-Antoine Gros, *Portrait de Jacques Amalric*	Huile sur toile	17. Portraits néo-classiques et romantiques	83
1807	Louis-Léopold Boilly, *Portrait de mademoiselle Athénaïs d'Albenas*	Huile sur toile	17. Portraits néo-classiques et romantiques	83
1818	Jean-Auguste-Dominique Ingres, *François Ier reçoit les derniers soupirs de Léonard de Vinci*	Huile sur toile	24. Ingres et l'art troubadour	111
1835	Eugène Delacroix, *Le Combat du Giaour et du Pacha*	Huile sur toile	23. Delacroix et le Romantisme	109
1842	Victor-Louis Mottez, *Portrait de Julie Mottez*	Huile sur toile	17. Portraits néo-classiques et romantiques	83
1843	Camille Corot, *Marietta*	Huile sur papier marouflé sur toile	16. Portraits réalistes	81
1851	Gustave Courbet, *Pompiers courant à un incendie*	Huile sur toile	4. Courbet et le Réalisme	37
1857	Gustave Courbet, *Les Demoiselles des bords de la Seine*	Huile sur toile	4. Courbet et le Réalisme	35
Vers 1860	Félix Ziem, *Fontainebleau, le coup de vent*	Huile sur papier marouflé sur toile	7. Monet et la peinture de paysage	45
1863	James Tissot, *Le Départ de l'enfant prodigue*	Huile sur toile	22. L'Historicisme	106-107
1866	Gustave Courbet, *Le Sommeil*	Huile sur toile	4. Courbet et le Réalisme	37
1868	Édouard Manet, *Portrait de Théodore Duret*	Huile sur toile	16. Portraits réalistes	79
Vers 1860-1870	Honoré Daumier, *L'Amateur d'estampes*	Huile sur toile	16. Portraits réalistes	80
1874	Jean-Baptiste Carpeaux, *Autoportrait*	Huile sur toile	15. Carpeaux et le portrait	75
1880	Claude Monet, *Soleil couchant sur la Seine à Lavancourt, effet d'hiver*	Huile sur toile	7. Monet et la peinture de paysage	45
1879-1882	Paul Cézanne, *Trois baigneuses*	Huile sur toile	8. Cézanne et la modernité	53
1883	Gustave Doré, *La Vallée de larmes*	Huile sur toile	6. Doré et la tradition chrétienne	41
1883	Charles-Alexandre Giron, *Femme aux gants*	Huile sur toile	3. Roll et le Naturalisme	29
1885	Albert Carrier-Belleuse, *Porteurs de farine*	Huile sur toile	3. Roll et le Naturalisme	27
1888	Fernand Pelez, *Grimaces et misère. Les Saltimbanques*	Huile sur toile	3. Roll et le Naturalisme	31-33
1888	Alfred Roll, *Portrait d'Adolphe Alphand*	Huile sur toile	3. Roll et le Naturalisme	27
1889	Carolus-Duran, *Portrait de Madame Edgar Stern*	Huile sur toile	3. Roll et le Naturalisme	29
1889	Henri Gervex et Alfred Stevens, *Les Peintres devant l'île de la Cité*	Huile sur toile	39. Les Expositions universelles parisiennes	172-173
Vers 1889	Henry Cros, *Le Fil d'Ariane*	Huile sur bois	18. Moreau et le Symbolisme	87
1896	Édouard Vuillard, *Personnages dans un intérieur - Quatre panneaux pour la bibliothèque du docteur Vaquez*	Peinture à la colle sur toile	21. Vuillard et le renouveau du décor	99-101
1897	Cormon, *La Chasse*	Huile sur toile	22. L'Historicisme	105

Index chronologique

1886-1887	Paul Gauguin, *Jardinière*	Grès	8. Cézanne et la modernité	51
1889-1894	Jean Carriès, *Grand cornet à embase de grotesque*	Grès émaillé	19. Carriès sculpteur et potier	93
1895	François-Rupert Carabin, *Vitrine*	Mobilier	18. Moreau et le Symbolisme	89
Vers 1895	Henry Cros, *Buste de Marie Cros*	Pâte de verre	18. Moreau et le Symbolisme	87
1897	Paul Grandhomme, *Europe*, d'après Gustave Moreau	Émail peint	18. Moreau et le Symbolisme	85
1898	Émile Gallé, *Vase*	Cristal	1. Les arts décoratifs en 1900	21
1899	Armand Point, *Coffret aux paons*	Coffret	1. Les arts décoratifs en 1900	21
Vers 1900	Georges Fouquet, *Pendant Cascade*, monture d'après un modèle de Mucha, décor d'après Desrosiers	Bijou	20. Guimard et l'Art nouveau	97
Vers 1905	Georges Fouquet, *Peigne Byzantin*, d'après un modèle de Mucha	Bijou	20. Guimard et l'Art nouveau	97
Vers 1905-1908	Mary Cassatt, André Metthey, *La Ronde des enfants*	Faïence émaillée	8. Cézanne et la modernité	53
Vers 1909	Hector Guimard, *Salle à manger*	Mobilier	20. Guimard et l'Art nouveau	95
Vers 1909	Paul Philippon, *Vase*, d'après un modèle d'Hector Guimard	Bronze	20. Guimard et l'Art nouveau	95
Vers 1905-1910	Georges Fouquet, *Pendentif Sycomore*	Bijou	20. Guimard et l'Art nouveau	97

Crédits photographiques

© **Bibliothèque Forney :** p. 171

© **Étude de Maître Binoche :** p. 65 (bas)

© **Galerie Elstir :** p. 87 (gauche)

© **P. Nadalini :** p. 135

© **Neurdein Frères :** pp. 14-15

© **Paris-Musées/Karin Maucotel, 2005 :** 1e de couverture, pp. 17, 19, 73

© **Photothèque des musées de la Ville de Paris/Cliché Irène Andréani :** pp. 21 (haut), 55 (bas droite), 57 (gauche et bas), 63 (bas gauche), 95 (bas droite), 125 (gauche et bas droite), 127 (haut gauche), 131 (bas) ; **René Briant :** pp. 9, 75 (bas), 91, 155 (haut) ; **Philippe Joffre :** pp. 23 (droite), 29 (bas droite), 53 (bas gauche), 63 (haut gauche et droite), 78, 79, 85, 93 (droite), 161 (gauche et bas droite), 165, 175 (droite) ; **Joffre/Lifermann :** p. 59 (bas) ; **Philippe Ladet :** pp. 13, 45 (bas gauche), 47 (haut), 88, 103 (bas), 111 (bas), 153, 175 (gauche) ; **Daniel Lifermann :** p. 23 (gauche), 75 (haut), 76, 77, 83 (bas droite), 113 ; **Patrick Pierrain :** pp. 8, 10, 11, 21 (bas), 24, 25, 27, 29 (gauche et haut droite), 31, 32-33, 35, 37, 39, 41, 43, 45 (haut et bas droite), 47 (bas), 49, 51 (bas), 53 (haut et bas droite), 55 (haut et bas gauche), 57 (haut), 59 (haut), 60-61, 65 (haut), 67, 69, 71, 81, 83 (haut et bas gauche), 87 (droite), 89, 93 (gauche), 95 (bas gauche), 97, 99, 100, 101, 103 (haut), 105, 106-107, 109, 111 (haut), 115, 117, 119, 121, 123, 125 (haut), 127 (sauf haut gauche), 129, 131 (haut), 133, 137, 139, 141, 143, 145, 147, 149, 151, 155 (bas), 157, 158, 159, 161 (haut), 163, 167, 169, 172-173 ; **Claire Pignol :** p. 51 (haut)

© **StanRies.com :** p. 95 (haut)

Droits patrimoniaux

Pierre Bonnard, Georges Fouquet, Aristide Maillol, Édouard Vuillard
© Adagp, Paris 2005

Charles Jacqueau
© Donation Jacqueau, Petit Palais

Droits réservés :
Paul Grandhomme ; Hector Guimard

Conception graphique
Nicolas Hubert
Plan des rabats : © Doc. Levin
Secrétariat de rédaction :
Stéphanie Grégoire
Suivi éditorial :
Catherine Ojalvo
Droits iconographiques :
Laurence Goupille
Fabrication : Audrey Chenu,
Saint-Véron Pompée

Photogravure :
IGS, Angoulême
Impression / brochage :
Eurografica, Vicence (Italie)

Achevé d'imprimer sur les
presses de l'imprimerie
Eurografica (Italie),
octobre 2005

Cet ouvrage est composé en
Scene, New Caledonia

Papier : Garda matt 150g

Diffusion Actes Sud
Distribution
UD-Union Distribution
AS 2020

ISBN 2-87900-909-X
Dépôt légal : novembre 2005

Les musées de la Ville de Paris
28, rue Notre-Dame-
des-Victoires
75002 Paris
www.parismusees.com

Petit Palais
Coordination éditoriale
Maryline Assante di Panzillo
Chargée de mission
publications
Laurence Delécluse

Petit Palais
Musée des Beaux-Arts de la Ville de Paris
Avenue Winston-Churchill
75008 Paris

Accès :
- Métro : lignes 1 et 13 ;
station : Champs-Élysées Clemenceau
- Bus : 42, 72, 73, 80 et 83

Entrée du public :
- Public individuel : par le grand escalier, avenue Winston-Churchill
- Public à mobilité réduite (♿) et groupes : rez-de-chaussée, avenue Winston-Churchill

Horaires :
Ouvert tous les jours sauf le lundi et les jours fériés

Tarifs :
- Accès gratuit aux collections permanentes
- Entrée payante pour les expositions temporaires : se renseigner à la billetterie

Conditions d'accueil :
- Accès libre au jardin intérieur, au café **Le jardin du Petit Palais** et à la librairie-boutique aux horaires d'ouverture du musée
- Location d'audioguides
- Auditorium
- Cabinet des Arts graphiques : consultation sur rendez-vous uniquement

Activités pour individuels et groupes
Adultes : visites conférence, contes, duos art et contes, parcours
Jeunes et familles : visites découverte, ateliers, contes
Public handicapé : visites en langue des signes ou lecture labiale, visites tactiles
Enseignants : formation, documentation
Envoi des programmes, réservations au : 01 53 43 40 36 (10h–12h et 14h–16h)

Adresse postale
Petit Palais
1, avenue Dutuit
75008 Paris
Standard : 01 53 43 40 00
www.petitpalais.paris.fr